顧客をつくり 利益が上がる

コールセンターの上手な運営法

安藤 栄一

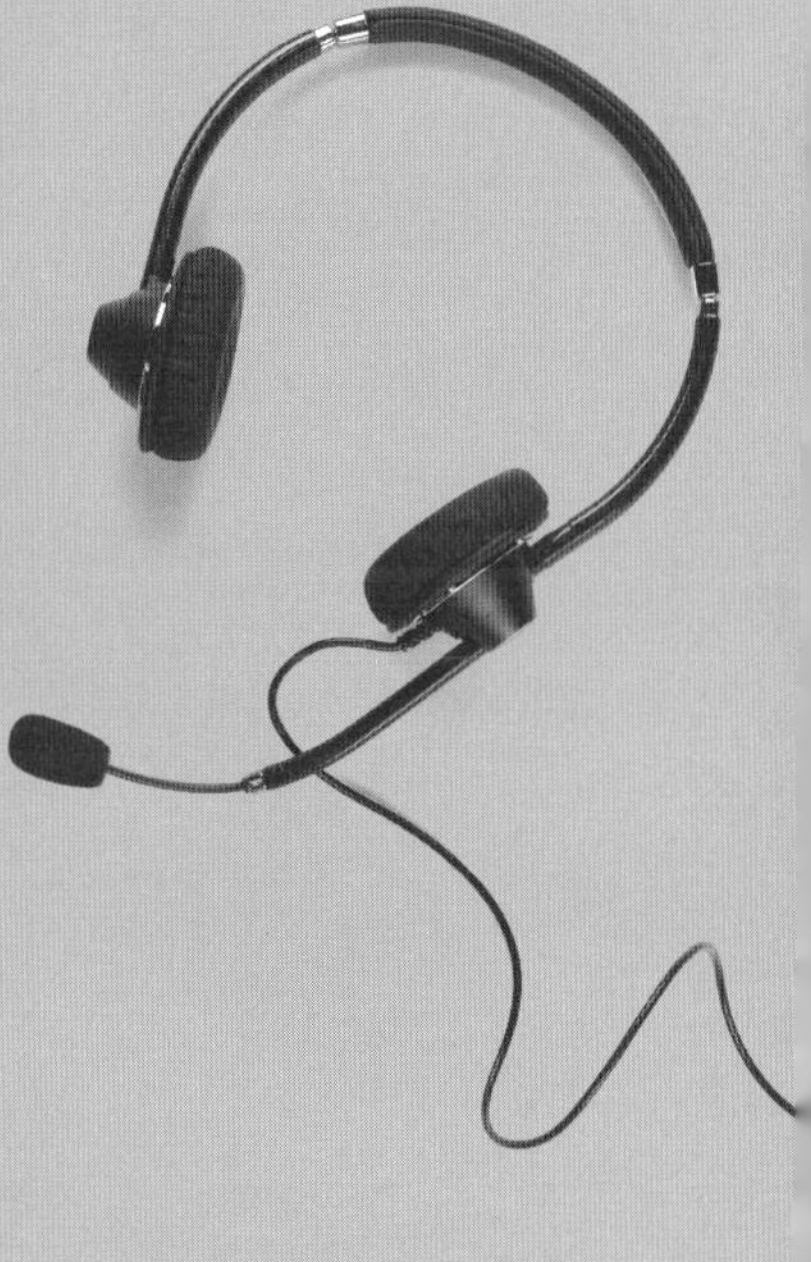

同文舘出版

はじめに

技術屋ひと筋だった私に転機が訪れたのは、１９９５年のことでした。それまでの仕事とはまったく畑違いの「コールセンター」に配属されたのです。

当時はまだ、ネットワーク（ＬＡＮ）やインターネットといった言葉に馴染みのない時代でした。それから約15年間、私は「コールセンターの開設～運営」に従事し、その間に多くの案件を手がけてきました。

なかでも、ＣＭＳ（Call Management System：コール・マネジメント・システム〈コールセンター全体を管理するシステム〉）の技術の進歩は著しく、顧客対応者の対応時間からトイレ休憩、昼食の時間まで、秒単位での管理が可能になりました。

しかし、ＣＭＳがいくら発達しようとも、それですべてが解決できるわけではありません。とくに「人」の管理はシステム化することはできません。

その後インターネットの普及に伴い、対応者と顧客の考え方（モラル）の多様性が広がりました。これにより、次のような傾向が強まりました。

◎個性を尊重する教育が浸透し、個人の自我の正当性を主張する風潮が強まって、顧客の主張

はかつてないほど容赦のないものになった。

◎上司はハラスメントに過敏になり、部下に対する感情に任せた高圧的な態度は制限されるようになった。

◎こうした渦中のなかでも、上司はさらに「CS（顧客満足度）と営業力」を求められるようになった。

このように今、経営者や管理者は、顧客と部下との間で苦しみながらも、新たな「教育」や「管理」と、CS向上による売上げアップを求められています。

本書では、こうした困難な課題を克服するための方策を「8つのメソッド」にまとめて解説します。それは、私が理系の頭で考え、検証し、シェアナンバーワンを復権させた手法にほかなりません。

2017年3月

安藤栄一

顧客をつくり利益が上がる　コールセンターの上手な運営法＊もくじ

2章

メソッド1 教育と管理で「自ら動く」仕組みをつくる

3章

メソッド②

ESの向上でCSを向上させる手段をインプットする

4章

メソッド③

顧客に満足を提供する対応力でアウトプットする

5章

メソッド4 顧客との対応履歴を残す力、読み取る力を教育する

6章

メソッド5

質問力・想像力・提案力で対応時間を短縮する

7章

メソッド6

顧客満足提供と営業活動を意識させずに実現させる

8章

メソッド7

上席者への業務報告書は実現性のある提案書にする

装丁・DTP 春日井 恵実

1章

コールセンターで利益をつくり出す8つのメソッド

メソッド 1

教育と管理で「自ら動く」仕組みをつくる

◆時代は大きく変わった

最初に、次の言葉を見てください。

「職場では集団の一員としての社員教育がなされている」

「インターネットやSNSはない」

「ハラスメントという言葉はない」

これをご覧になって、「いつの時代のことだ?」とクビをかしげた方も多いでしょう。それもそのはずです。これらの言葉は、高度成長期のころの状態を表わしているからです。

高度成長期時代には、企業の精神や上司の考えが部署内に浸透し、社会人教育もできていました。そこでは管理者は上から目線で**「教育と管理で人を動かす」**のが当たり前で、部下も何の疑いもなくそれを受け入れ、従っていたはずです。

しかし現代は、

「個性尊重の教育がなされている」
「社員はSNSやインターネットを通じて多くの情報を得ることができる」
「それによって会社や上司の考え方が、瞬時に正しいのか、誤っているのかを検索できる」
という時代です。

こうした状況のもとでは、かつてのような強制力を持つトップダウンの指示は反感を持たれやすく、それに従わない部下がいても何ら不思議はありません。

ならば、どのようにすればいいのか？　試行錯誤した結果、私は**「説得力のあるコミュニケーション」**と**「居心地のいい環境整備」**が必要だと気づきました。それには甘やかすのではなく「権利」と「義務」をはっきりさせることです。その環境ができてこそ、部下は安心して自ら行動を起こせるようになる。そのため、私はそうした場を提供するための取り組みを行ないました。

それを以下で説明しましょう。

◆「最優先事項に専念して欲しい」

まず私は、部下に「全責任は私にある」と明言しました。その際にひと言こうつけ加えました。「もしも私を気に入らなければ、問題を起こせばいい。そうすれば私は、この会社からいなくなる」と。

これは上司である管理責任者としての覚悟表明です。なぜ最初に覚悟表明をしたのか。覚悟のない上司に部下はついてこないと信じているからです。

次に、職務について2つのことを伝えました。

「お客様との対応業務が仕事。お客様のために頑張って欲しい」（義務）

「気になることは、必ず進言して欲しい」（権利）

一見すると、いかにも当たり前のことのように感じるかもしれませんが、この言葉の裏にはこんな思いが込められています。

「顧客対応業務が最優先事項なので、それに専念して欲しい」

要するに、顧客対応業務以外の仕事は、雑務も含めてすべて上司の仕事、ということです。

私はこれまで多くの企業を見てきましたが、最優先事項以外の雑務を上司が行なっている企業はどこも成長しています。

上司のこうした姿勢が部下である対応者の「プロフェッショナル」意識を形成し、あとで解説しますが、**「顧客対応者にはプライド、顧客にはブランド」**を与えることが可能になるのです。

◆部下自らに提案してもらうこと

私が部下に顧客対応業務に専念するように伝えると、顧客対応に苦慮するいろいろな意見が寄せられました。その内容はと言うと、こんな具合です。

「なぜか顧客が豹変して怒り出した。顧客が恐い」

「クレームの対応に自信がない」

「対応時間が長くなり、お客様も満足されない」

そこで私は、それに応えるために、トヨタ自動車系列の企業に在籍していたときに学んだ、QM（Quality Management：品質管理）を変則的に取り入れることにしました。この手法は多くの顧客対応の場で役に立つので、ぜひ参考にしてください。

その内容に入る前に、まず最初に注意しなければならないのは、「教育」や「管理」を強制しないことです。今は自動販売機のボタンを押せば、何も考えずに飲み物が買えるのが当たり前の時代です。そんな時代の人たちに、いきなり上から「研修をしよう」などと提案すると反発されます。ですから、要望や問題点を伝えてわかってもらえたら、強制するのではなく、「では、どのようにすればいいのか？」と質問し、自ら提案させるのです。

そのときには「再研修希望」があったので、ビジネスの場でよく知られているPDCAに従って行動を起こすことにしました。

その内容を示すと次のようになります。


P（Plan：計画）……「いつ」「どこで」「誰が」「何を」「どのように」「いつまでに結果を出す」のかを相談（決定権は部下側に委ねる）。QM活動の意図を説明し、賛同を得て下記項目を決定しました。

「2週間に1回、木曜日の残業時間に」（いつ）
「会議室で」（どこで）
「私が参加者に」（誰が）
「効率のいい顧客対応方法を」（何を）
「対応力研修で」（どのように）
「2ヶ月先に効果測定を行なう」（いつまでに結果を出す）

D（Do：実行）……顧客対応窓口は時間どおりに終了しないのが当たり前です。しかし遅延はのちのち悪い影響を与えるため、「決めたことを強制的に実行する」ことにしました。志気を高めるためには、「決めたことは絶対に守る」という姿勢を公に示すことも必要です。

C（Check：評価）……研修終了後には顧客対応に自信が持て、ストレスも和らいだため、研修は成功と判断しました。

A（Action：改善）……当研修の考察。問題は一過性のトラブルにより、マイナス思考が蔓延していたことでした。そこで、「今後は状況の変化に伴い、個別指導で逐次モチベーション改善を行ない、残業経費の削減も念頭におく」ことにしました。

これら一連の取り組みによって、部下の意識は徐々に変わっていきました。

メソッド 2

ES向上でCSを向上させる手段をインプットする

◆誠心誠意、対応しても相手には伝わらない

一般に、売上げを向上させるためにはCS（顧客満足度）を上げることが大切だと言われます。要するに、顧客の満足度が上がれば売上げも伸びる、ということです。最高のCSを達成できれば、売上げはどんどん伸びるわけです。

「では、最高のCSとは何だろうか？」。こう聞かれると、たいていの人はこんな具合に答えます。

「誠心誠意、相手の身になって、真摯に対応すること」

おそらくみなさんも、こんなふうに教わってきたはずです。

しかし、この答えをよく見てください。

「誠心誠意」「相手の身になり」「真摯に」は、どれも抽象的な言葉です。しかも多くの場合、「誠心誠意、相手の身になって、真摯に対応」しても、相手には通じません。極端に言えば、いくら誠意を尽くしても、こちらの想いは伝わらないのです。こんな悲しい現実に直面すると自暴

自棄にもなります。そんな経験をしたことがあるのは、私だけではないでしょう。

はっきり言いましょう。こんな抽象的な考えは建前論にすぎません。人によってとらえ方が異なるため、何ら評価する尺度にならないのです。「誠心誠意、相手の身になって、真摯に対応」できなくても、自暴自棄になる必要などありません。もっと自信を持ってください。

では、どうすればいいのか？　それは、いきなりCSを向上させようとするのではなく、**ES（従業員満足度）の向上を目指す**ことです。

ですからその第一歩は、「顧客」ではなく、**「対応者である部下」に目を向ける**ことです。

◆対応者の「個性」「知識」「スキル」に目を向ける

具体的には、まず対応者を日々観察し、プロファイリングすることから始めます。「プロファイリング」とは、警察がわずかな証拠から犯人像を絞り込む手法です。私はそれを専門的に学んだわけではありませんが、これまでの経験から、「日常のなぜ？」に注目し、仮説を立て、検証を繰り返すことで、観察が確かなものになることを知っています。

本書はプロファイリングの解説書ではないので詳細は割愛しますが、実際には対応者のこんなことに目を向けます。

「なぜ、今日は髪を束ねているのか？」

「なぜ、このペンを使っているのか？」

このような些細な事柄に疑問に感じるところから始めるとけっこう面白く、やがて本日、注意しなければならない対応者まで事前に察知することができるようになります。

対応者を日々観察していく際には、「個性」「知識」「スキル」の3つに目を向けます。

「個性」……個性による変化は、主に無意識の癖になって出てきます。例えばストレスを感じたときに足を組む、髪の毛を気にする等です。こうした癖が出てくると、業務への集中力が散漫になり、根気がなくなり、言葉尻が荒くなって、CSを低下させる危険性を察知できます。

「知識」……SNSなどの影響によって対応者の意識が変化すると、ゆがんだ特定の「知識」を形成し、それがときとして余計なひと言を生んで、クレームになったり、顧客を混乱させたりすることが起きます。

例えば、ある製品の事故のニュースがテレビや新聞で報道されると、その原因が究明されていなくても瞬時にSNS上で拡散し、あたかも根拠のあるような情報として飛び交います。すると、顧客が何も聞いていなくても、ついこんなことを言ってしまいます。「先日の事故の件は、弊社では大丈夫です」と。このムダなひと言が、かえって顧客を不安にさせてしまうのです。「口は禍の門」とはよく言ったものです。

「スキル」……もっとも大切なのが対応者の「スキル」です。一般的に「技術」や「知識」と混同されがちですが、私はこれらとは異なると考えています。

例えばサッカーであれば、表面的には、ボールを持っている選手が、「技術」「知識」などのスキルを使ってゴールを目指して進むと考えられます。この場合、ボールを持っていない選手はスキルを使っていないかと言えば、そうではありません。「スキル」はボールを持っていない選手の動きにも現われるのです。「ボールはどこへ動けば出しやすいのか?」「どこへ走り込めばいいのか?」といった**すべての行動を判断する能力が「スキル」**なのです。

これはボールを持っている、いないにかかわらず求められる能力です。

これら3つの視点から対応者を日々注意深く観察していると、個々の対応者の特徴が把握できるようになります。そうすると対応者からの「報連相（報告・連絡・相談）」前に事態を把握することが可能になり、また対応の不手際や体調のよしあしも事前に察知して、先回りしてケアすることもできます。すると対応者との信頼関係が強くなり、さらにＥＳは向上していきます。

このような職場を想像してみてください。

雑用は上司が行ない、対応者は安心して自分の業務に専念できる。報連相を行なう前に上司が動いてくれる……。こんな職場であれば、ＥＳは確実に向上するはずです。

メソッド3 顧客に満足を提供する対応力でアウトプットする

◆プレゼンテーション能力を磨くには

ＥＳ（従業員満足度）向上は手段であり、目的はＣＳ（顧客満足度）向上です。いくらＥＳが向上しても、それが顧客にアウトプットできなければＣＳは向上せず、まったく意味がありません。この点は絶対に本末転倒になってはいけません。ＥＳをＣＳに結びつけるためには、**「知識」「スキル」に裏づけされた「表現力」を身につける**ことが必要不可欠なのです。

ところが、日本人は「謙虚」「謙遜」「奥ゆかしさ」などを美徳としているため、往々にして自信を持って伝えるプレゼンテーション（説明）を軽視してしまいます。

すると、つい事務的な対応になり、顧客はまるで機械と会話しているかのような錯覚を起こしてしまいます。やがて顧客は対応者の「自信のなさ」を感じ、不安を抱くようになります。これではＣＳ向上がはたせないのは当然です。

こうした事態を防ぐためには、意図的に表現力を身につけさせる必要があるのです。その表現力の基礎は、日常的に素直に喜怒哀楽を表現できるようになることです。

「人は感情の生き物」と言われる反面、人とのコミュニケーションを円滑にするために、理性でそれを圧し殺している部分があります。とくに職場ではそうでしょう。しかし、それではなかなか喜怒哀楽を表現できるようにはなりません。

そこで私は、対応者をこう誘導しました。

「私に対して喜怒哀楽を明確な言葉と態度で示して欲しい」と。

とはいえ、対応者がすぐにそれに応えてくれるとはかぎりません。上司である私に遠慮し、なかなか喜怒哀楽を出しにくいからです。ですから私は、対応者が喜怒哀楽を出しやすくするための場を設けるようにしました。一例を示すと、こんな具合です。

「喜」……あらかじめ顧客から感謝・感激される案件を準備し、それを対応者に振る。顧客が感動すれば対応者も感動する。その感動を私に伝える。これにより対応者は仕事の面白さを知ることができる。

「怒」……あらかじめ理不尽なクレーマー案件を準備しておく。そして、対応者にはあえてクレーマー案件とは伝えずに振る。対応者は顧客からの理不尽な要求に憤慨するとともに、その案件を振った私に対しても怒りがこみあげてくる。その怒りを顧客にぶつけるわけにはいかないので、私に怒りをぶつけてもらうようにする（その後、適切なフォローを行なうと信頼関係が強くなるが、この点については後述する）。

「哀」……通常のクレーム案件である旨を伝えて対応を依頼する。主に顧客のメンタルケアが必要なため、モニタリングしながら対応者に逐次アドバイスを行なう。
顧客に共感できる対応者もいれば共感できない対応者もいるが、なぜ一般顧客がクレームを発しているのか、その心情を知ってもらう。
「楽」……共感を持てそうな顧客の案件を振ることで、顧客に親近感がわいて、「人」と接することの楽しさを知る。

◆喜怒哀楽をより伝わりやすくするオーバーアクション

どんなに忙しくても、対応終了後に率直な感想を述べ、意見交換を行なうことは、とくに「怒」のケースには重要です。なぜなら、意識的に対応者の感情を高めるために、上司は嫌な役割をしなくてはならないからです。

そこでは、上司の命令に「NO」の言える環境づくりを心がけなくてはなりません。それには上司から部下へというトップダウンの関係ではなく、「上司」としての役割、「対応者」としての役割を明確にし、お互いが役割をまっとうするために企業に雇用されているという意識づけを行なうといいでしょう。それによりコミュニケーションの円滑化が図れ、「喜怒哀楽」の溢れた組織になります。

「喜怒哀楽」が表現できるようになったら、次はオーバーアクション（誇張表現）の方法を教える番です。

電話対応は、顧客と対応者による2人きりの音声だけでのコミュニケーションです。顧客と対応者がお互いの音声で「喜怒哀楽」を表現し合う特殊な世界と言えます。ふんぞり返って「もうしわけございません」と言っても、顧客にいかにも、もうしわけなさそうに伝わればいい。逆に、頭を机にこすりつけてお詫びしても、横柄だと思われてはダメなのです。

そこでオーバーアクションが必要になってきます。**「音声だけで喜怒哀楽をより伝わりやすくする」**ということです。表現方法は至って簡単です。「楽観的なノリ」で臨めばいいのです。

前述したように、私は長年、技術屋だったため、最初はオーバーアクションに抵抗がありました。そのことが影響してか、自信を持った決断ができずに悩んでいました。そんな私を見て、上司はこう言いました。「おまえが悩んでどうする」。この厳しいひと言が今でも耳に残っています。

それ以来、覚悟を決めて仕事に臨むように心がけていますが、それでも「恐怖」「プレッシャー」「日々積み重なるストレス」で心が折れそうになり、ノイローゼになりました。その後、さらに悪化して鬱状態に陥り、病院の神経科を訪れたりもしました。

そんな私を救ったのが「楽観的なノリ」でした。「楽観的なノリ」で仕事に臨むことで、職場も「楽しい場」へと変貌しました。上司が変われば部下も変わります。むずかしい顔しかしない上司に楽しい職場づくりができるわけがありません。

「楽観的なノリ」という考え方が浸透したことで対応者の心が解放され、羞恥心からオーバーアクションを行なえなかった者も、徐々に喜怒哀楽を表現できるように変わっていきました。

メソッド4 顧客の対応履歴を残す力、読み取る力を教育する

◆顧客対応履歴（CRM）がなぜ必要なのか

日々、顧客と対応するのが対応者です。「顧客への対応」と言うと、とかくおもてなしを主にした対応術ばかりに目がいきがちですが、重要なことが見落とされています。

それは、CRM（Customer Relationship Management：顧客対応履歴〈顧客管理〉）です。顧客対応を考える際にもっとも大切なのが、このCRMなのです。なぜなら、いくら素晴らしい対応を行なっても、肝心の履歴が残っていなければ、必ず後々、顧客の信頼を裏切る結果につながるからです。それは、実際の顧客対応よりも重要な要素と考えるべきです。

ところが、このCRMの入力作業（コールセンターでは「後処理時間」と呼ばれている）の時間を考えていないセンターが多いのです。これでは最終的に顧客を満足させられなくなるのは必然です。

CRMの入力作業に必要な最低限の時間は、意識的に確保しなくてはなりません。顧客との会話はトークコミュニケーションなので、難題でも抽象的な言葉に代えて、その場でやりとり

することはできますが、その内容を誰にでもわかるように文字にして入力するのは非常にむずかしく、面倒な作業だからです。一定時間を意識的にしっかりと確保しなければ、手を抜きたくなるのがこの入力作業なのです。

当然ながら、都合の悪い履歴を残さない対応者も出てきます。また対応者を評価する際に、「顧客アンケートによる満足度調査」（ＣＳ）と「顧客対応件数」（生産性）を重要視する企業が多いので、高評価を目指す対応者は、入力の手間を省きたくなるのは当然の心理です。

ですから、ＣＲＭの入力作業の時間を必ずつくらなければならないのです。

◆ＣＲＭ入力のポイント

では入力に要する時間ですが、例えば10分間の会話（対応）の入力を行なうには、どれくらいの時間が必要でしょうか？　一言一句そのまま入力しようとすれば、30分程度は必要でしょう。それでは当然、長文になり、後日その顧客に対応する他の対応者は、案内する前にその長文を読み返さなければならなくなります。そんな非効率な作業はこんな弊害をもたらします。

①顧客対応時間が延びて長時間の対応になる（顧客の不幸）
②生産性が落ちて経費がかさみ、それが商品価格に反映されて販売価格の上昇を招く（顧客の不幸）
③商品価格を抑えたい企業は販売価格を抑制し、その結果、利益が落ちる（会社の不幸）

④コールセンターは生産性向上を強いられ、経費を削減される（コールセンターの不幸）
⑤生産性向上のため、徹底的に管理される（対応者の不幸）

このように、顧客も会社も対応者も不幸になります。そんな弊害をなくすために「端的な入力」を指示するのですが、するとこんな文書になることが多いのです。

「この商品で○○はできますか？　→できません」

このたった1行の履歴は、どの程度の時間、顧客対応を行なった記録でしょうか。あまりにも短いので、顧客情報の確認を除けば数秒程度と感じるでしょう。実はこの対応に10分以上の時間を要しているのです。

では、10分間いったい何を話していたのでしょうか。情報量が極端に少ないために想像することすらできません。これでは万が一、後日「先日相談した件ですが、もう一度教えて欲しい」と顧客から問い合わせを受けたら、そのときの対応者はどのような案内ができるでしょうか。このような状況は絶対に避けなければなりません。

ＣＲＭを入力するポイントは、たったひとつです。それは、**「主人公を決めて客観的に理解できる事実を残す」**ことです。

サポートセンターのように、顧客に対する案内を主とする窓口では、クレームでなければ顧客よりも対応者が話す時間が長くなります。逆に受注業務のように、顧客の希望を確認する質問を主とする窓口では、対応者よりも顧客が話す時間が長くなります。営業を行なう発信（アウトバウンド）業務も同様です。

このように、サポートセンターでは「対応者が主人公」になり、受注業務や営業関連の発信業務では「顧客が主人公」になります。

CRMとして残す内容には、**10年後に見ても理解できるような客観性が必要**です。そのためには「次の対応者のために履歴を残す」という意識づけが必要になります。ここでうまく次の対応者にバトンを渡せなければ、「絶対に顧客は満足しない」と考えるべきです。

そこで問題になるのが残すべき事項です。何を残し、何を省くか。その取捨選択の判断ですが、この点についての詳細は5章で解説します。

◆CRM情報を読み解くには

次に、入力（文字化）された情報を読み解く手法を教育しなければなりません。次ページの図をご覧ください。「熟練度による対応履歴の理解度」を「入力側」と「読み取り側」のレベルの違いによって整理したものです。

熟練度の高い対応者同士であれば、専門知識を多用して端的にくわしく、正確で読みやすく伝えることができます。なぜなら、ともにそうした表現方法を習得しており、短時間での「入力」も「読み取り」も可能だからです。その反面、読み取り側が経験の浅い対応者だと、知識がないために非常にわかりにくいと感じてしまいます。

熟練度による対応履歴の理解度

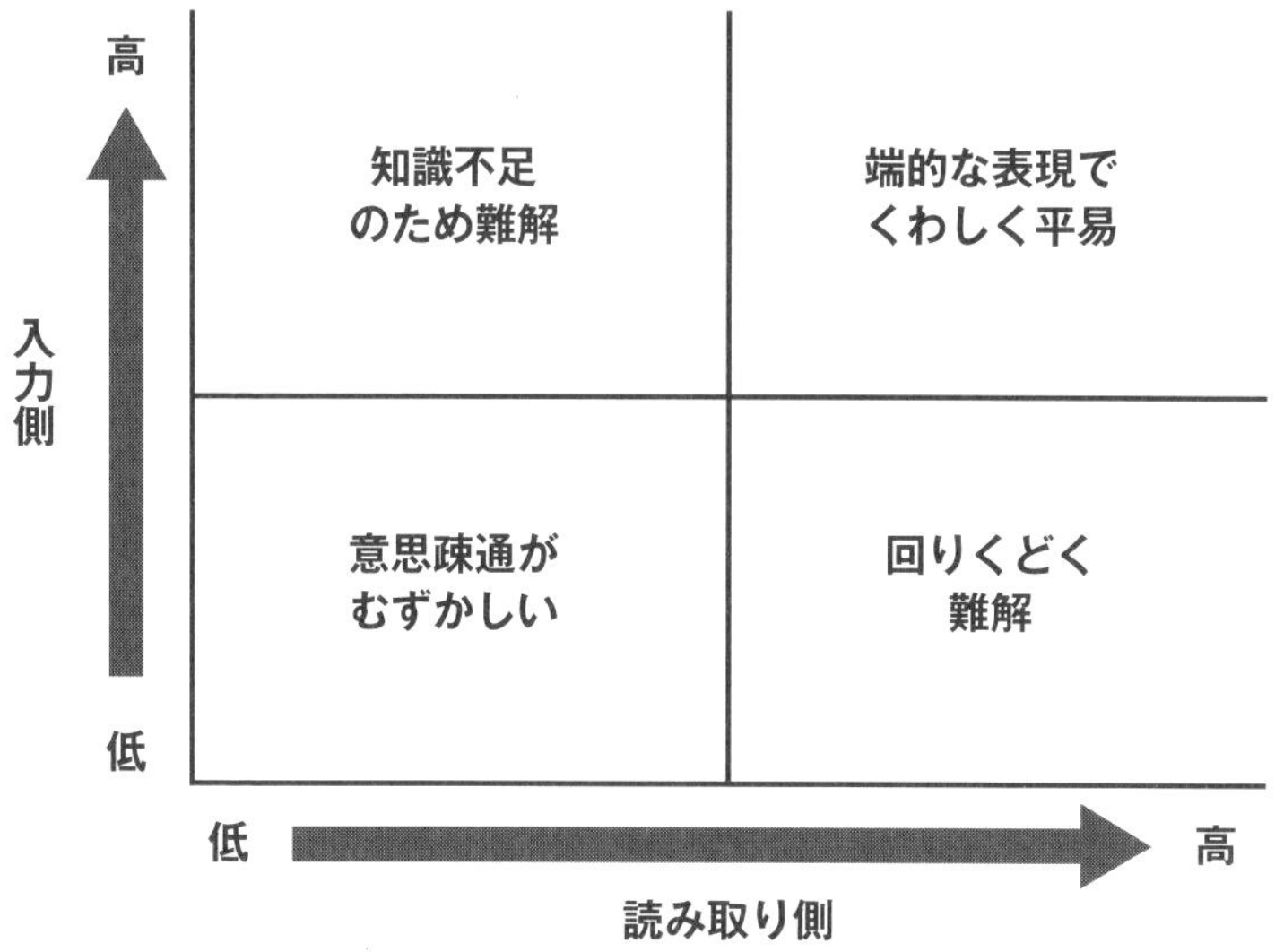

その逆で、熟練度が低い対応者が入力すると、会話の的を射ておらず、回りくどい文面で意味や意図が伝わりにくくなります。それでも熟練度が高い対応者であれば、想像力をフル回転させて解読し顧客対応を行なえますが、熟練度が低い対応者にはそれができません。すると、入力した対応者がすでに確認済みの内容の再確認を行なったり、何とか抽象的な言葉でそつなくこなそうとして、かえってCSを下げてしまうことになります。

こうした事態を避けるためには、不慣れな対応者は、まず**熟練者が入力した情報の読み取りから始める**ことです。熟練者の記述に接することで、専門的知識や入力手法を学ぶのです。この過程をへて熟練度を上げていけば、スムーズに技能が向上します。

この場合、熟練度の高い対応者の入力情報

が教科書となります。しかし、熟練者が入力したものだからと言って、それをすべてそのまま教科書にできるわけではありません。管理職はたとえ熟練者が書いた内容であっても、決して妥協してはいけません。

管理職の役割は、入力された文字データを収集・加工・解析し、数値化したうえで、**付加価値の高い情報へと変化させる**ことです。ＣＲＭの情報を核にして、ありとあらゆる可能性を導き出す資料を作成するのです。これが顧客情報の源となり、教科書になります。

この顧客情報の源を作成するために「この部署がある」「管理者がいる」と言っても過言ではありません。この情報力の絶対的な差によって、ＣＳと売上げが変わってくるのです。だからこそ、この項の冒頭で言ったように、「顧客対応」より「顧客対応履歴」のほうが大切なのです。

メソッド5 質問力・想像力・提案力で対応時間を短縮する

◆顧客の第一声からのステップ

入電の際の顧客の第一声は、たいてい要点が整っていません。「なぜここへ連絡したのか？」という連絡が主であり、状況が的を射て伝えられるわけではありません。しかし、その第一声から、どのようにすれば顧客の望みを満たし、CSを提供できるかの挑戦が始まるのです。

そこでまず大切なのが、会話をスムーズに進めることです。そして多くの情報を得るために質問をするのですが、その質問によって「多くの可能性から、ひとつの根拠」に絞り込まなければなりません。それは医者の問診のようなものです。

具体的には下記のステップで質問を行なっていきます。

①**第一声**より状況を把握する
②**対応履歴を確認**し、傾向性を把握する
③**質問**し、複数の可能性を考え仮説を立てる
④仮説を絞り込み、検証し、ひとつの根拠を見つけて**検証・確認する**

質問①～④のイメージ

⑤**提案（案内）力**でCSを達成する

このステップを実例に即して示してみると、こんな具合になります。

①「電源が入らなくなった」**（第一声）**
②過去に同じ顧客からの同一の履歴なし**（履歴確認）**
③「いつからですか?」**（質問）**→「昨日、突然」
「ランプは点いていますか?」**（質問）**→「点いていない」

「電源ボタンをもう一度押してみてください」**（質問）**→「反応なし」

「コンセントの抜き差しを行なってみてください」**（質問）**→「点いた」
④「電源ボタンを押してください」**（検証）**→
「動いた」
⑤「よかったです。コンセントの接触に問題

があったのでしょう。様子を見てください」（案内）

◆対応時間短縮のポイント

一見すると、何の変哲もない単純な対応に見えるかもしれません。しかし、この対応の筋道からそれたり、誤った質問をすると長時間の対応を余儀なくされ、迷宮に入って抜け出せなくなります。

この実例のどこに対応時間短縮のポイントが隠れているかわかるでしょうか？

それは③～⑤の部分です。それを順を追って見ていきましょう。

「いつからですか？」

実はこの質問には、顧客に状態を思い起こさせる効果があります。顧客は、異常が発生した瞬間を見ていたわけではないかもしれません。正確な日時が明確にわからないかもしれないのです。

ですから、たとえ気がついたときの情報であっても、まずは「いつからですか？」と聞くことです。このことが現象を把握するうえで多くの意味を持っていて、それが後々役に立つことが多いのです。

「昨日、突然」

「いつからですか？」との質問に対して、顧客が「昨日、突然」とだけ答えたら、そのひと言で顧客の「早く改善したい」という意図が読み取れます。これが「1ヶ月前から」等の期間の空いた返答であれば、「なぜ、今になって問い合わせをしたのか」と聞く必要があります。

次に問題点を確認します（状況確認）。

「ランプは点いていますか？」→「点いていない」

「電源ボタンをもう一度押してみてください」→「反応なし」

この質問で問題点を確認して明白にしておかなければ、その後の対応により改善したかどうかの判定がむずかしくなります。

また、何らかの原因で状態が悪化した際には、問い合わせ前の状態に回復させないと、「対応が悪くて、かえって状態を悪化させた」とクレームになる可能性が高くなります。ですから事件現場の鑑識官のように、細かい状況確認が必要とされます。

「コンセントの抜き差しを行なってみてください」→「点いた」

ここがキーポイントになります。取扱説明書などの「故障かなと思ったら」のページにはたいていこう書いてあります。

「電源が入らない→ACコンセントはささっていますか？」

こうした記述があるにもかかわらず、ほとんどの顧客はそれを確認しません。また、このように当たり前のことを聞かれると、バカにされた気がして、つい「そんな単純なことを指示されたくない」となりがちです。

そこでもし、対応者が、「コンセントはささっていますか？」と質問したらどうなるでしょうか？　私の経験上、ほとんどの顧客が、「ささっている」とか「大丈夫」と答えながら、まったく確認しないことが多いのです。顧客の心理としては「当たり前なマニュアルどおりに確認させるな！　ささっているに決まってる！」となるからです。そして、若干の怒りを抱く顧客もいます。

この時点で、

・対応者の言葉によるCS低下
・顧客の誤った情報提供による誤認。つじつまが合わなくなる
・原因が特定できないまま、対応時間が延びる。経費もかさむ

といった弊害が発生します。

ここで「顧客が悪い」などとは言わないでください。プロフェッショナルであるならば、顧客をうまく誘導するくらいの手法は身につけておくべきです。そのためにここでは、「コンセントはささっていますか？」ではなく、「コンセントの抜き差しを行なってみてください」と

聞くのです。
この時点で、「ランプが点灯」しました。
ここで、前時点から状況が変化したことになります。それを確認したうえで、**「電源ボタンを押してください」**と言います。顧客が「動いた」と答えれば、状況が改善したことを納得してもらえます。

ここで絶対に「本当にコンセントはささっていましたか?」などとナンセンスな質問をしてはいけません。なぜなら顧客を疑うような言葉を投げかけると、心証を悪くするからです。とくに嘘でごまかそうとした顧客は、真実を突かれたことに激高し、クレームとなる可能性が極度に高くなります。

最後に**「よかったです。コンセントの接触に問題があったのでしょう。様子を見てください」**と言いましょう。対応者が共感することにより、顧客は不安(緊張)から解放され、安堵感がわき出て、やがて喜びに変わります。
本当は、
・コンセントの抜き差しで問題が改善したのか?
・コンセントが接続されていなかったのではないか?

・それとも他の要因があるのではないか？
・接触の問題だったのか？
・故障ではないのか？

いくらでも憶測はできます。しかし、無用の憶測をしても、それによって事態が好転することはありません。顧客は目の前の状況が改善されれば満足するのです。

このように単純な対応ひとつとっても、一定のステップに沿って対応することで対応時間が確実に短縮され、結果、ＣＳも向上して経費も削減できるのです。

なお、顧客からの誤った情報による取捨選択手法等については、6章でくわしく解説します。

メソッド 6

顧客満足提供と営業活動を意識させずに実現させる

◆「営業」の仕事に対する拒否反応

一般に、サポートセンター（お客様相談室）は「顧客への対応」を行なう窓口と考えられています。そこでは「顧客満足度の追求のみ」に重点が置かれていて、「営業」活動に目が向くことはありませんでした。

ところが近年では、顧客との接点を有効活用する**「インバウンドセールス」**や**「インバウンドマーケティング」**が注目され出しました。その動きを受けて、サポートセンターでも「営業」の要素が入り込むようになったのです。

私がサポートセンターに営業を導入したのは、まだ「インバウンドセールス」や「インバウンドマーケティング」という言葉すら馴染みのない時代でした。当時は、極度の売上げ減少に陥っていました。新規顧客数も激減し、それに伴って入電件数も激減し、やがてリストラの話が持ち上がりました。

私は「リストラをしたくない」との思いで、当時の常識を打ち破ってサポートセンターに「営業」を取り入れたのです。その営業手法は、究極のCSを提供する「愛」にも似た行為でした。

営業職と呼ばれる部署（営業電話を発信するアウトバウンド〈テレアポ〉センターや受注の電話を受けるインバウンド〈受電〉センターなど）であれば、対応者も顧客も、「営業」という言葉に何ら抵抗を感じないでしょう。対応者は、自分たちが営業を行なう部署にいることを自覚していますし、顧客も営業されて当然と思っているからです。

ところが、サポートセンターのように、これまで商品やサービスの売買を意識してこなかった部署の人間は、「営業」という言葉に極度の拒否反応を示します。なぜなら営業について、多かれ少なかれ、こんな経験をしているからです。

・忙しい時間帯に突然、自宅や会社に営業の電話がかかってくる
・「断っても」言葉巧みに話を長引かせて「買わせよう」とする
・電話を切らせない質問・共感・説得・反論を繰り返す
・電話で発注しようとすると、必ずしつこく他の商品も強く勧められ、断り続けるのに疲弊してしまう

こうした経験を一度でもすると、「営業」＝「迷惑行為」と考えるようになり、拒否反応を示すようになります。人によっては、「悪徳商法に巻き込まれるかもしれない」と恐怖すら感じるようになってしまいます。

営業に対してこうしたイメージを持つ対応者は、自分が営業する立場になると、「言葉巧み

に人を騙す、卑劣な行為は行ないたくない」と、退職を考える人もいます。

◆「営業」を意識させない営業活動

念のためにフォローしておきますが、「営業」＝「迷惑行為」「卑劣な行為」ではありません。営業とは、「顧客によい商品を知ってもらい、提供し、豊かになってもらうための行為」です。この一連の行為をスマートに行なえば、顧客に不安・恐怖・不快感を与えることなく、逆に喜ばれ、感謝され、「顧客満足度を向上させる」ことも可能です。

対応者の最大のやりがいは、「顧客に喜ばれ、感謝される」ことです。ですから、会社の利益等々をまったく考えずに、奉仕の精神を持って全力で最善の案内を行ないたいものです。それが対応者のプライドです。

こうした対応者に、**いかに「営業」を意識させずに「営業活動」を行なわせるか**が課題になります。そこで私は、量販店などで行なっている、**「購入を促す（販促）活動」＝「営業活動」**としたのです。なぜそうしたのかと言うと、サポートセンターという立場上、直接、受注業務を行なえないためです。

まずマーケティングを行なった、と言えばたいそうに聞こえるかもしれませんが、簡単に言うと、既存顧客（現在利用中の顧客）に目を向けたのです。新規顧客（新規購入顧客）が激減したと言っても、多くの既存顧客はまだ存在します。そうした顧客から買い替え相談が寄せられたとき、**他社商品でも、顧客のニーズに合う商品を案内**したのです。

焼畑営業手法（1回きりの根こそぎ営業）で、ニーズにマッチしない商品を無理矢理お勧めすると、一時的な売上げの好転は見込めても、購入後にクレームになるのは必至です。最悪の場合には返品・返金を求められます。

そのような事態になればCSは低下し、対応時間も延び、経費がかさむ結果になり、顧客も企業も対応者も得をしません。何よりも対応者が顧客から嘘つき呼ばわりされ、罪悪感を抱き、プライドを傷つけられてモチベーションが低下してしまいます。そして、おそらくリストラする前に、多くの自主退職者が出るでしょう。

せっかく育て上げた対応者と顧客です。そうした事態は絶対に阻止しなければなりません。だったらいっそのこと顧客のニーズを聞き出し、「もしニーズに合う自社商品がなければ、他社商品を調べ、他社商品でも案内してしまおう！」と決めました。

こうして他社商品の研究を行なうようになりました。顧客のニーズに合う商品を探し出し、他社相談窓口の電話番号を親切に案内することにしたのです。そして対応履歴にはこう記載しておきます。「当社商品に希望に合う商品がないため、○○の相談窓口の電話番号0120……を案内」。

これを見た関係部署の人間は、心中穏やかではなかったでしょう。当然ながら多くの外圧がかかりましたが、ESとCSを最重要課題としていた私は、表向きは聞くふりをしながら、すべて無視しました。私のこの姿勢がセンター内のメンバーのプライドを押し上げました。モチベーションが向上し、志気も向上したのです。思わぬ副産物です。

◆他社では絶対にできない愚直すぎる営業手法

具体的には、顧客にこんな具合に対応しました。

①当社の現行商品にはお客様が希望する商品がないことをお詫びし、他社商品であれば希望の商品がある可能性を案内した。

②当社ではインターネットのＷｅｂページ以上の情報源がないため、詳細は他社相談窓口で相談していただくように案内し、窓口の電話番号を伝えた。

こうした対応をすることで、次のようなことが起きました。

①お客様は故障等の理由で買い替えや新規購入を検討する際に、当社窓口で購入相談をするようになった。

②お客様からの再入電が増え、他社窓口に相談した後の様子を話してくれるようになった。

③「どの点を妥協すれば御社の製品を購入することができますか？」と機能や仕様の妥協点を探し出し、「御社の製品を購入したい」と希望されるお客様が増えた。

実は私には、こうした他社では絶対にできないサービスを提供することで、顧客は必ず戻ってくると内心勝算がありました。その見込みどおり、このコンサルティング的な対応が功を奏したのです。当部署のCS向上への執念は日本一だと自信がありました。だからこそ、「お客様のために」「お客様のためにならないことはNG」のスローガンを掲げ、平気で他社商品の案内ができたのです。

そして、こんな成果を得ることができました。

・対応者は顧客に感謝され、モチベーションアップに成功し、ES も向上した。
・顧客と信頼関係を築き、既存顧客の減少に歯止めをかけ、新規顧客獲得にも成功した。
・顧客を通じ他社の対応情報が蓄積され、幅広い対応手法のノウハウが蓄積できた。
・関係部署は、当部署が得た対応履歴に発憤して需要のある製品を開発し、売上増に成功した。

この他社では絶対にできない「自らは売らずに、他社商品でもお勧めする」という愚直な営業手法がCSを向上させ、売上げ向上への大きな弾みとなり、リストラも回避されました。なお、この取り組みは、一部の人から賞賛されたものの、怨みを買うこともありました。しかし、それでよかったのです。なぜなら、私はヒーローになるつもりはなかったからです。顧客・企業・対応者が幸せになるのであれば、捨て石でかまわない。ありがたいことに直属の上司も私と同じ考えでした。

メソッド 7

上席者への業務報告書は実現性のある提案書にする

◆コールセンターの3つの使命

コールセンターとひと口に言っても、そこには3つの異なる使命があります。

①**テレアポ**……数多くの「アポイントの約束」や「商品（サービス）の成約」が使命

②**受注業務**……1品でも多くの商品を購入していただくのが使命

③**サポートセンター**……1件でも問い合わせを減少させるのが使命

これを見ればわかるように、サポートセンターとしての使命は営業活動ではありません。顧客の困りごとを解決するための部署です。顧客からすれば、サポートセンターがあることで安心して商品を購入できるため、購入意欲向上のきっかけとなります。

これに対し会社側は、サポートセンターを、「営業戦略としては保持したいが、直接お金を産まない経費のかかる非生産部署と見なし、最小限に留めたい」と思っています。ですから、この部署にはなるべく投資をせずにすませたいのです。要は、拡大したくない、ということです。これらをまとめると次のようになります。

・商品の購入動機につながる（売上げ向上）ものの、
・なるべく経費は抑えたい（経費削減）し、
・なるべく問い合わせ件数と対応時間を減らしたい（費用対効果のバランス）

問い合わせ件数と対応時間が減れば、設備投資・人件費・通信費が抑えられ、その分、費用対効果が向上します。だからこそ会社は、常に、どのように工夫すれば最小限の窓口にできるかを考えています。

◆コールセンターに求められている提案

一般的にコールセンターは、「企業のマーケティング情報集約」のために設けられている窓口部署だと考えられていますが、会社は必要以上のビッグデータは不要で、マーケティング目的は二の次だと考えています。これが会社側の本音です。

別の言い方をすると、「CS」や「情報」だけではお金にならないと考えているのです。だからこそ顧客満足度を追求するという目的での設備投資には、あまり興味を示しません。

そんな会社が期待すること、それは、こんな具合に「件数（経費）を削減させる提案」です。

「○○をすれば、お問い合わせ件数のこれだけの減少が見込まれます」

例えば、「製品に小さなステッカーをひとつ貼れば、1日1人分の人件費が浮く」と報告すれば、「これは安い」となります。会社はこのような提案を待っているのです。

しかし、会社としては嬉しいでしょうが、コールセンター側から見れば、自ら規模縮小の提案をすることになり、まさしく自分の首を自分の手で絞めていることになります。何と理不尽な部署でしょう。

そこで私が考えたのが、**サイレントクレーマー対策**です。具体的には、**既存顧客からの問い合わせを減らしながら、新規顧客からの問い合わせを増やす**のです（結果的に1顧客の問い合わせ回数を減らす）。これにより販売数を増やす可能性が高まりますが、同時に顧客に購入してもらえるような商品（サービス）を開発してもらう必要があります。

新規顧客からの問い合わせが増えても、それに応える商品（サービス）がなかったら、売上げの増加は期待できないからです。また、顧客に購入してもらえるような商品（サービス）が開発されたら、窓口でも顧客に自信を持って自社商品を勧められるようになります。

◆顧客満足度を高める提案

そのためには、多くのハードルをクリアしなければなりませんが、私は開発部にも席を置いていた経験があるので、ハードルをクリアする方法は承知していました。

そのポイントは次の3点です。

①価値と商品コストのバランスを重視する（VE：Value Engineering：バリューエンジニアリング）
②対応件数では見えない、「常識」「むずかしい」「不要」「非常識」を解析する
③開発部には、ソフト・ハード面から数値で提案、その他には理屈で提案する

詳細は8章で説明しますが、これもすべては「顧客満足度（CS）を向上させる施策」です。

ここで断言しておきましょう。口先のトークや過剰なサービスを行なうCSは限界にきています。商品そのもので顧客満足度を追求してこそ、真の顧客満足度ナンバーワンを達成できるのです。その結果が商品のマーケットシェアとなって現われます。

顧客満足度ナンバーワンの会社が、シェアナンバーワンではないのは矛盾しています。私はそう考えます。

メソッド 8

利益でESを上げなければ一過性で終わる

◆社員の貢献にどう応えるか

売上げが向上し目的が達成されたとき、社員が高揚感を得られなければ、さらなるCSの向上は見込めません。それどころか「ムダな努力に終わった」という失望感で、モチベーションが著しく下がってしまいます。そうなったら、もう社員は努力しなくなるでしょう。

このように言うと「お金で還元すればよい」と考えるかもしれませんが、それはお勧めできません。なぜならば、お金は使いはたしたときに、達成感も同時に消滅してしまうからです。その期間は極めて短く、再び「会社に貢献しよう」という意欲を持続できません。

そこでお勧めしたいのが、お金で還元するのではなく、**より働きやすい職場環境を構築する**ことで社員の貢献に応えることです。

◆サポートセンターと営業関連センターの相違点

サポートセンターと営業関連センターでは大きく異なる点があります。それを示したのが、

サポートセンターと営業関連センターの違い

	サポートセンター	営業関連センター
主なる目的	問題解決アドバイス	売上げ向上
アプローチ	受動的	能動的
評価	対応件数 アンケート結果	受注件数 受注金額
ES向上手段	ー	インセンティブ

上表です。

個々のセンターによって事情は異なりますが、一般的に両者には次のような違いがあります。

「主なる目的」……サポートセンターの対応者には「金銭」的な感覚がまったくない。これに対し営業関連センターは、終始売上げを意識しなければならない。

「アプローチ」……サポートセンターは、基本的に顧客の質問に答えるのが使命のため、どうしても受動的になる。これに対し営業関連センターは、高評価を得るためには顧客に積極的・能動的に対応しなければならない。

「評価」……サポートセンターでは、顧客へのすべての対応が評価基準となり、対応件数が日々カウントされる。重ねて顧客アンケート等で顧客満足度が測定され、顧客の印象のよしあしが個々の評価基準になるため、不公平で非常に曖昧になりがち。

これに対して営業関連センターでは、成果のすべてが数字になって現われ、受注件数や売上げで評価されるため、サポートセンターと比べて社員間の優劣が明確に出る。

「ES向上手段」……サポートセンターでは、社員間で優劣に差があっても、ESを向上させるための手段がない。そのため優秀な対応者のモチベーションは下がる。

これに対して営業関連センターは、「受注＝売上げ＝利益」と成果がはっきりするため、インセンティブ制を設けることができる（事実、同制度を用いている会社は多い）。会社側も、獲得した利益からインセンティブを支給するため、何ら問題がない。また、インセンティブの支給基準は明確になっているため、それが社員のモチベーション向上の役割をはたしている。

サポートセンターの対応者のモチベーションを向上させるには、いかに多くの課題があるか、理解していただけたでしょうか？

＊　　＊

ここまで、私がコールセンターを開設、運営するために実施した8つのメソッドのアウトラインを紹介してきました。2章以降では、それぞれのメソッドについて具体的にくわしく見ていきましょう。

2章

メソッド①

教育と管理で「自ら動く」仕組みをつくる

1

目指す人物像は「立場・技量・責任」を理解できること

◆理想となる明確な人物像を描く

コールセンターは、製品をつくっているわけでもなく、特殊な技術を提供するわけでもありません。そんなコールセンターの評価は何で決まるのでしょうか？ それは「顧客満足度（CS）」と呼ばれる漠然としたものによって決まります。ですから同じ対応を行なっても、顧客次第で大きく評価が分かれてしまいます。その典型的な例を紹介しましょう。

顧客から、修理に関する問い合わせが寄せられました。そのとき、対応者Aはこう答えました。

「保証期間が切れておりますので、有償修理になります」

これに対し、ある顧客は**「しかたない。修理に出すにはどうしたらいい？」**と言い、別の顧客は**「乱暴に扱ったわけでもないのに、なぜ壊れるのか！**（修理代など払いたくない）**」**と言います。

同じ回答をしたにもかかわらず、顧客の反応はこれほど違ってくるのです。後者の顧客はコールセンターへの印象を著しく下げたはずです。それだけではありません。その後、この会社が様々なアンケートを実施するたびに、酷評するでしょう。何と理不尽な反応でしょうか。

そんな理不尽がまかりとおる職場なので、対応者が自らの「立場・技量・責任」を理解できるように「教育」しなければなりません。そうしないと対応者はストレスを抱え込み、やがて離職に追い込まれてしまいます。だからこそ、対応者の教育が必要となるのです。

「教育」とは「人をつくる」ためのものであり、松下幸之助氏の名言「松下は人をつくる会社です」にもあるように、会社では「人」がもっとも重要な要素となります。

そこでまずは、**「教育」を行なう前に、理想となる明確な人物像を描かなければなりません。**「教育」する立場の者が迷えば、「教育」される側も迷うからです。その迷いは顧客対応にも必ず現われます。最悪の場合は、顧客にミスアナウンスを行ない、それが会社を危機的な状況に追い込む危険性さえあるのです。

私の望む人物像は先にも言った、**「立場・技量・責任」を理解できる人材**です。

このように言うと、漠然としていてわかりづらいかもしれません。そこで、「立場・技量・責任」について、それぞれイメージしやすいように野球にたとえてみましょう。

①「立場」

あなたを部下だと仮定して、課題を出しますので解いてみてください。


「あなたは強豪チームの4番バッターで現在3冠王。優勝のかかった大切な試合の9回裏。得点は1点ビハインド。1アウト、ランナー3塁。

逆転のホームランを狙い、バッターボックスに立つ。

しかし、監督からバント（スクイズ）のサインが出た。そこへ絶対にホームランできるような絶好球がきた。スクイズが成功しても同点。延長戦になっても勝敗はわからない。しかし、ここでホームランを打てばチームは逆転で優勝できる。

そのとき、あなたはホームランを狙うのか？　監督の指示に従ってスクイズをするのか？」


実に悩ましい場面です。

しかし、監督の私なら、あなたに迷わずこう期待します。

「躊躇することなくホームランを狙え」と。

なぜなら監督は、サインを出した時点では絶好球がくるかどうかは予測できていませんし、相手チームのピッチャーも、緊張からコントロールに狂いが生じることだってあるからです。

そこに明らかな絶好球がきて、ホームランを狙えるのであれば、躊躇なく狙うべきです。

絶対的な自信を持ってプレーする選手が理想です。しかし自信を持ってプレーするからには、命令に背く責任を負う覚悟も必要です。

よく「失敗したときの責任」と耳にしますが、**成功しても失敗しても命令に背いた事実は何ら変わりありません**。このことをしっかり肝に銘じたうえでプレーしなくてはなりません。

課題はまだ続きます。

「打ったボールは、狙ったとおりホームランになった。優勝決定。あなたはヒーローになってホームベースを踏み、ベンチに向かう。しかし、監督から指示に従わなかったことで叱責を受け、『次回から控え選手にする』と宣告される。

あなたは監督の対応を理不尽だと思うか？　正当だと思うか？　納得できるか？」

私の目指す理想のプレーヤー像はこうです。

「監督の対応に納得するバッター」

このように言うと、「え？」とクビをかしげるかもしれません。

ここで、まず考えて欲しいことがあります。それは「立場」です。

監督と選手は、双方が望むと望まないに関わりなく、**上下関係の立場**にあります。選手を試合に出場させるもさせないも監督の手中にあります。監督の采配のお陰で優勝を狙えるところまでこられたわけです。

ところが、あなたは結果的にチームのために監督の命令に背きました。もしここで監督があなたを叱責せず、あなたと一緒に喜んだら、監督は今後も選手に意図した行動を起こすように指示できるでしょうか？

もしかすると、それから選手は、「ときと場合によっては監督の指示に従わなくてもよい」と勝手に判断してしまうかもしれません。その結果、ヒーローを目指して過度のリスクを負いながら、いちかばちかの行動を起こす選手が出てこないでしょうか？　それで本当に、監督は今後もチームを統率できるでしょうか？

監督の指示に背き、あなたがホームランを狙って結果的に内野フライに倒れてしまっても、全責任は上司たる監督にあります。選手には責任はない。それはスクイズに失敗したときもまったく同じです。すべての失敗は監督の責任です。

ならば、あなたがホームランを打った今回の成果はどうでしょうか？　監督の成果なのでしょうか？

それは違います。命令に背いたあなたの成果です。なぜならば、命令に背いたか背かなかったかは関係なく、**「全責任は監督が負い、全成果は選手が得る」**からです。

監督と選手の関係では、この一貫性が必要です。

②「技量」

「技量」とは、**様々な可能性を考えて行動できるかどうか**、ということです。

この野球のケースで言えば、いくらそれまで輝かしい成績を残している選手であっても、常にあらゆる可能性を考え、その選手に指示できるかどうかです。

別の言い方をすると、「このバッターは、これまで優秀な成績を残してきたので大丈夫だ」と何も考えずに指示するのか、それとも、それまでの成績は参考としてとらえ、**「この場面ではどうするのがベストなのか？」**と考えて指示するのか、ということです。それが監督の技量です。

部下に望む人物像としては、この監督の「立場」と「技量」を理解できるか、ということです。

③「責任」

これは先に説明したように、いかなる結果になろうとも、「失敗の責任は監督が負い、成果は選手のもの」というスタンスです。

あなたがスクイズに失敗し、いくら自責の念にかられても、結果はすべて監督の責任なのです。なぜなら、上司は部下を選べますが、部下は上司を選べず、指示する権限は上司にしかないからです。

このように、私が望む人物像は「立場・技量・責任」を理解できることなのですが、最後にひとつつけ加えておきましょう。それは監督が選手を叱責する場所です。

選手を叱責するのは、ベンチの中です。要するに、**他のメンバーが見ている前で叱責する**ということです。

それを見たチームのメンバーは、おそらく「何て高慢な監督だ」と感じることでしょう。そして全員が監督を敵視し、成果をあげたあなたに同情し、あなたの悔しさに共感するでしょう。

こうしてメンバーの結束力が増すのです。このように言うと、「叱責された選手が気の毒だ」と思うでしょう。そこで、他の選手が見ていないところで本意を説明し、ひと言こう伝えるのです。「ありがとう」と。このひと言で選手の気持ちは晴れるものです。

これまで私が望む人物像、そして目指すべき人物像について述べてきましたが、社員を教育する者はこのことを理解し、部下にも伝えるべきです。それによって、ぶれない教育が可能になります。

2 コールセンターで必要な人を育てる3大方針

私がコールセンターを開設するときに唱えた、重要な3大方針があります。それは、

①「ムリ・ムダ・ムラ」をなくす
②優秀な人材は前に出す
③人はミスを犯すものだと考える

の3つです。

どれも大切なことなので、順を追って説明しましょう。

①「ムリ・ムダ・ムラ」をなくす

これは、工場勤務時に生産性を向上させるために教わった非常に重要な方針です。この方針を徹底することで、次のような効果が期待できます。

・もっと効率をよくする
・高品質を保持する

・生産性を上げる
・ストレスを与えずにすむ
・ミスを未然に防ぐ

ほかにもまだ多くの効果が期待できますが、これらの効果を見ただけで、その威力は想像できるでしょう。この方針を徹底することで、工場等の組み立てラインは円滑に稼働するのです。

では、この方針をコールセンターで見てみましょう。いずれも実際に起きた事案です。

・「ムリ」について

ある、時事的な問題がきっかけで、突発的に想定入電数を大幅に超えたことがありました。通常より圧倒的に多くの顧客対応を行なわなければならず、その日は朝からパニック状態になってしまいました。

この事態に、トップダウンで次の指示が下されました。

・管理職も電話に出て顧客対応をすること
・もっとスムーズ（高効率）な対応を呼びかけること
・「のちほどかけ直します」と約束し、顧客情報を確認したうえで、ベテラン勢が電話をかけ直して対応すること

まったくいまだに理解に苦しむ指示ですが、これが負のサイクルの起点となって、現場はこ

んな具合に混乱してしまいました。

・管理者が電話対応を行なっているため、特別対応やクレーム対応への決裁者がおらず、対応者は電話を保留にしたまま右往左往（保留時間の増加）するばかり。待たせ過ぎで顧客は激高し、結果的に1顧客に対する対応時間が増え、生産性が悪化した。
・対応者は指示に従い、必死に頑張って個人的に高生産性を実現したものの、対応者へのムリな要求がのちに悲劇を生んだ。
・顧客は長い時間待ってやっとつながった電話なのに、「くわしい者よりのちほど折り返します」と言われ、「納得できない」と不満をぶつけた。結果的にCSと生産性を著しく降下させることになった。さらに、折り返し連絡しても顧客の都合もあって、つながらずに二度手間になることもあり、このことも生産性の低下に拍車をかけた。

このときの指示では、一時的に生産性を上げたものもありますが、トータルに見た場合、全員に大きな負荷をかけ、ムリをさせただけで生産性はまったく上がりませんでした。1日の対応件数には限界があります。カップの定量以上に水が入らないのは自明の理です。

こうして嵐のような1日が終わり、全員疲弊しきってしまいました。

さて次の日。「昨日みたいに大変なら」と考えてしまったのでしょうか、体調不良者が続出し、昨日より少ない人数で対応しなくてはならなくなってしまいました。入電数は相変わらず多く、結局、昨日と同じことを繰り返しました。

翌々日。体調不良者がいっそう増え、さらに少ない人数での対応を強いられることになりました。こうして負の連鎖が発生して、その月の対応件数を大きく減らす結果となってしまいました。

人は「頑張れ」と言われると、それに従おうとします。しかしその分、ストレスも増大します。ですから指示を出す者は、**やみくもに「頑張れ」と言ってはいけません**。歯止め（目標）を考えずに「頑張れ」と言うのは、無謀な指示でしかありません。それは「山頂がない山を登り続けろ」と言うのに等しいことです。

想定入電数以上の対応は不可能と考えて対応すべきです。許容範囲を超えた状態で問題が起きた場合、すべてリスクヘッジを行なっていなかった管理者の判断ミスと見なされます。間違っても、管理者の判断ミスを対応者に押しつけてはなりません。

・「ムダ」について

細かく見れば、現場にはたくさんの「ムダ」が存在します。例えば、取扱説明書での確認時間や上席者に相談するまでの時間（歩数）などもそうです。

コールセンターでは、新人対応者は日々のＯＪＴを通じて、様々な場面に接することになります。そのこと自体は新人の独り立ちを促進するので、決して悪いことではありませんが、問題は、まだ自信がなくて不安を抱えている新人の場合です。そうした新人は、どうしても上席者に確認する回数がベテラン勢より多くなります。

例えば、こんなことを言ってきます。

「顧客の言っている意味（言葉）がわからない」

「何を案内すればいいか、わからない」

「顧客の希望に沿えるかどうか判断できない」

その結果、保留が繰り返され、その分、生産性とCSが低下してしまいます。これはやむを得ないことです。しかし新人であろうと、対応の品質を落とすことは許されるべきではありません。

そんなときは、新人の席を、取扱説明書と上席者の側にします。こうすることにより移動に要するムダな歩数を減らし、保留時間と対応時間を短縮することができます。経験を積むことで対応品質が向上してきたら、徐々に席を遠のけていけばいいのです。

新人対応者を上席者の近くに配置したままにすると、生産性の高い（対応件数の多い）ベテラン勢が上席者から離されてパフォーマンスが落ち、センター全体の生産性が低下してしまいます。

もし、新人対応者がなかなか上達しなかったら、ベテラン勢には問い合わせの多い機種等の取扱説明書を個人持ちとして配布し、優遇するようにします。そうすればベテラン勢が席を立つ回数も減り、センター全体で対応者が歩く歩数を減らすことができます。

「対応中に対応者が感じる1分は短いが、保留で待たされている顧客の1分はその何倍も長く感じられる」と考えると、CSと生産性を向上するためには、このように細かな点まで徹底的にこだわりを持つ必要があります。

・「ムラ」について

どんな業種でも、顧客対応には必ず「繁閑」があります。それ自体に問題はないのですが、注意すべきは、**「閑」から「繁」に移るとき**です。この瞬間にリズムの変調によってストレスが増大し、対応ミスなどのヒューマンエラーを起こすことが多いからです。

そのため、一般的には「繁」と「閑」を平準化しようとするのですが、顧客対応業務ではなかなかうまくいかないことが多いのです。まるで誰かに操られているのではないかと思うくらい、どのような施策を実施しても忙しいときには忙しく、暇なときは暇な状況になります。

そこで私は、「繁」はそのままにして、「閑」を忙しくしようとしました。要は、リズムを乱さないように業務を一定に保つ、ということです。その方法は簡単です。あらかじめ入電傾向の予測を行ない、対応者に事前にそれを伝えておくのです。つまり、あらかじめ「閑」の想定時間を伝えておく、ということです。

そして、その時間帯のためにアウトバウンド（発信）案件を溜め込んでおき、発信業務や顧客への発送物作成業務に充当して欲しいと依頼します。

ここで絶対にしてはいけないことがあります。それは、**たとえ予測がはずれたとしても、慌てて指示をひるがえさない**ことです。指示をそのたびにひるがえしては、管理者としての信頼が失墜してしまいます。

管理者は発言に責任を持ち、責任をまっとうするために少々の問題が発生しても、我慢と辛抱で堪え忍ばなければなりません。

また「繁」の予想時に、万が一「閑」になった場合には、資料作成を命じたり、思い切って一時休憩を指示することです。電話の前で、入電を待たずに休憩を与えることで、サプライズのラッキー感も味わえます。

休憩時間を取ることで対応者からは、こんな声が聞かれるようになります。

「鳴らない電話をひたすら待つのは苦痛だった」

「休憩時間が増えて嬉しい！」

「喉が渇いていたのでちょうどよかった」

「タバコを吸いたかった」

こうした歓喜の声があがれば、当然のことながらＥＳ（従業員満足度）も向上します。また対応に、業務中と業務外のメリハリが感じられ、結果的にＣＳも向上します。

②優秀な人材は前に出す

私は、顧客対応で大切なのは「スキル」だと考えています。「知識」は覚えれば何とかなります。しかし顧客と対峙したときに必要な「スキル」（コミュニケーション・スキル）は、単に覚えればいいというわけではありません。

また、スキルの習得には個人差があります。教育する必要がない人もいますし、年齢に関係なく数年たっても未熟な人もいます。だからと言って、上席者の個人的な好き嫌いで優劣を決めてはいけません。そう見られたらえこひいきをしていると思われ、対応者の志気に影響を与えるからです。

それを防ぐために、あえて対応のむずかしい案件を利用し、次のようなことを行ないます。

（1）まずベテラン勢のプライドを尊重する。そのために、最初はベテランに対応の依頼をする。これでまず、ベテランのプライドは保たれる。しかし無難な対応しか好まないベテランは、むずかしい案件を振られると敬遠しがちになる。そこで、そんなベテランに断られたら、次の（2）の手順に進む。

（2）ベテランに断られた後、見込みのある人材にフルサポートで挑ませる。

（3）見事、問題なく課題をクリアしたら高く評価し、その旨を公にする。

（4）この回数を重ねると、他から頼れる人材と見られ、周囲からの評価が上がることをわからせる。

（５）権限の委譲範囲を広げていき、ときには先輩対応者への指導も行なわせ、周囲に下克上を見せつける。

優秀な人材は躊躇なく抜擢することで、さらなる向上心を刺激し、能力を伸ばしていくことです。それが顧客のためでもあり、会社のためでもあります。

これに対し、高度なスキルを持っていながらも、むずかしい案件を拒む対応者は優秀とは見なしません。例えば、むずかしい案件を振られたときに、こんなことを言う対応者です。

「クレームになりそうだから対応したくない」

「顧客の言っている意味が理解できないと思う」

「長時間対応は行ないたくない」

日々の業務で、何事にも挑まなければ優秀さは維持できません。だからこそ挑戦を続ける人は、他の対応者と区別し、手厚く指導・教育を行ない、単なる「人材」ではなく、センターの財産、すなわち「人財」としてセンターを引っ張っていってもらうことを期待するのです。

③人はミスを犯すものだと考える

人間であるかぎりパーフェクトはなく、ヒューマンエラーを必ず起こします。ときにはミスアナウンスで顧客に無用な商品の購入を勧めたり、不本意なひと言で顧客を逆上させたりすることもあります。ですから、**目指すのは「ヒューマンエラー」の防止ではあり**

ません。まずは、このことを理解してください。

どのような手段を用いても、事故発生率をゼロにすることはできません。かぎりなくゼロに近づけることはできても、まったくのゼロにはならない。だから、ゼロ達成にこだわってはいけないのです。

よく「なぜ事故が起きたのか」と、原因の追究から始める人がいますが、そんなことはその案件がすべて終息したあと、時間があるときにでも考えればいいことです。

大事なのは、**事故を未然に防ぐことではなく、ヒューマンエラーの早期発見**です。それこそが第一の課題です。そして、第二に対処法、第三に防止策（暫定・恒久）と続きます。

コールセンターのように一対一で顧客と対峙する場合、誤りに最初に気がつくのは、往々にして対応者自身である当事者です。問題はそこからです。誤りに気がついたとき、その対応は大きく3タイプに分かれます。

（1）誤りに気がついた時点で他に相談する人
（2）誰にも相談せず、自ら誤りを正そうとする人
（3）誤りに気がつきながら正そうとしない人

では、これらの対応者に、それぞれどのように接すればいいのでしょうか。

（1）誤りに気がついた時点で他に相談する人

あくまでも誤りの早期発見が第一なので、相談された場合には、**絶対に「なぜそんなことを！」と責めてはいけません。** 起こってしまった事態の原因究明はあとでいいのです。

おそらく多くのストレスを溜め込むことになるでしょうが、そこはぐっと堪えて、逆に相談にきたことを褒めるくらいの余裕が必要です。

例えば、「顧客に誤った商品を案内してしまった」と相談されたときには、事実のみを確認し、「ありがとう。あとはこちらで対処するから大丈夫」といった感じです。

話を最後まで聞き、事態を収拾するために適切なアドバイスをすることです。詰問したりして対応を誤ると、（2）（3）のような対応者を育てる結果になるので注意が必要です。

（2）誰にも相談せず、自ら誤りを正そうとする人

簡単に自分で解決できれば結果的にはいいのですが、誤った正し方をすると、それが仇となってさらに傷口を広げてしまうことも多々あります。最悪の場合は、対応者の判断ミスで大事件になってしまいます。

だからこそ、些細なミスアナウンスであっても、個人としてではなく、会社として公に対応しなければなりません。万が一、自分で解決し、それを**事後報告していないことが発覚したら、厳重に注意・叱責する**必要があります。もしもそれが原因で退職に至ったとしても、それは対応者自身・会社・顧客を守る行為であると覚悟すべきです。

対応者の身の保全を第一に考えて、結果オーライにする考え方は絶対に捨てなければなりません。そうしなければ、対応者は隠蔽体質に染まって、やがてそれが部署内に広がり、信頼されない部署になってしまいます。

例えば、次のようなことが起こったとします。

対応者が、「顧客に誤った商品を案内してしまった」と気づいた。

対応者は、自分の評価が下がることを恐れ、誰にも相談せずに顧客情報を探り出し、顧客に連絡した。ところが顧客は、「もう購入してしまった」と弁償を要求してきた。

仕事のミスを指摘されたくない対応者は、自腹で弁償することで問題解決を図ろうとした。

これは絶対に認めてはいけない行為です。仮に結果オーライになったとしても、こうした行為を放置すると、やがて対応者は隠蔽することが常態化して、それが部署内にも広がっていくからです。

(3)誤りに気がつきながら正そうとしない人

対応件数が増え、対応者の人数が増えてくると、顧客とは一度きりの対応になることが多くなります。そのため何か問題に気がついても、その後は他の対応者が対応するために、無責任になってしまうことがあります。「正しい対応を行なって自分がクレームを受けるよりも、適当に対応して、あとでクレームになったら、あとの対応者に任せる」というわけです。

（2）に比べて事件に至る可能性は低いのですが、業務遂行上は大いに問題です。その無責任な対応者の改善指導と、信頼回復のための施策が必要です。

対応者個人のレベルで留まっていれば、顧客の信頼失墜は微々たるもののため、売上げへの影響はないでしょうが、これが企業間のレベルになると、売上げにまで影響をおよぼす可能性が高くなります。

大きいコールセンターの運営は、一部またはすべてが請負業者に依頼されていることが多くあります。それが一企業であれば問題ないのですが、複数の会社が請け負っていると厄介な事態を引き起こします。依頼する側は、請負業者がお互いに協調し、切磋琢磨してくれることを期待しますが、実際にはそうならないことも多いのです。

請負業者の仕事ぶりは、対応件数等の数字で優劣が判断されるため、「時間を要するクレーム対応は行ないたくない」というのが本音です。またクレームが多いほど、請負業者の対応の品質が悪いと判断されることもあり、「できればクレームは他社で行なって欲しい」となります。いわばジョーカーを他社に渡し合うババ抜き状態です。そこでは、マニュアルに従うギリギリのラインの対応になりがちです。

例えばこんなケースです。

トラブルシューティングの結果、明らかに故障であることが判明した。顧客は威圧的だ。そのまま修理案内するとクレームになる可能性が高い。そこで面倒を避けるために、対応者はこう答えた。

「一時的な問題かもしれませんので、ひと晩コンセントを抜いてリセットさせて、様子を見てください。それでも改善しなければ再度お問い合わせください」

こう言えば、その場は何とかしのげる。コンセントの抜き差しの確認作業はマニュアルにも記載されている。

しかし、ひと晩待つ意味はない。結果的に事態は改善せず、翌朝一番に烈火のごとく憤慨した顧客から入電だ。そして今度は、その電話を受けた対応者がクレーム対応を行なうはめになる。つまりジョーカーを渡されたのだ。

こうした無責任な対応が顧客の信頼を失墜させ、売上げにまで影響を与える事態になることもあるので、注意が必要です。

3 最小限の「ルール」と最大限の「ガイドライン」で個性を伸ばして権限を細分化する

◆「ルール」「ガイドライン」「権限の細分化」の内容

最初に、「ルール」と「ガイドライン」、「権限の細分化」について説明しておきましょう。

「ルール」とは、電車が走る固定されたレールのようなものです。一切の自由がなく、決められた内容を実施するだけです。そこに個人的な判断は介入させず、正確に行なったかどうかで正否が決定します。

次に「ガイドライン」ですが、これは高速道路のガードレールのようなものです。ガードレールに接触しなければ、ある一定の範囲内で自由に車線変更が可能です。ここではすべて、モラルが基準になって正否が決まります。

最後に「権限の細分化」ですが、これは飛行機と同じです。許可された範囲内であれば、どのルートでどの高度で飛べばいいかを決めることができます。したがって自由度はガイドラインよりも広がります。ここでは権限内でミスジャッジを行なえば、管理者の責任になります。

しかし、越権行為があれば、その判断の正否に関係なく対応者起因の責任になります。

ルール・ガイドライン・権限の細分化

	イメージ	行なうべき対応
最小限のルール	電車のレール	マニュアルどおりの対応
最大限のガイドライン	高速道路のガードレール	ガイドライン内の対応
権限の細分化	飛んでいる飛行機	権限委譲内の対応

これらをまとめると、上の表のようになります。

◆マニュアル・ルールが増える仕組み

コールセンターには、多くのルールやマニュアルが存在します。これは、責任を持って顧客対応するための「会社の言葉」だと考えられます。

では、このマニュアルは本当に活かされているのでしょうか？　私自身も多くのルールやマニュアルを作成し、ファイルの山を築いてきましたが、そのプロセスと結果を示すと次のようになります。

- 最初にルールを決め、マニュアルをつくる
- 教育し、マニュアルが守られているかチェックする
- 守られていない箇所があったら徹底して守るようにする
- マニュアルを厳守していて新たに問題が発生したら、新たなルールを作成し、マニュアル化を進める
- その間に膨大な手間と経費が発生する

・そして肥大化したマニュアルは、まるで六法全書のように厚くなり、意味が不明瞭になって、そこにいろいろな解釈が芽生えてくる
・解釈の均一化を行なおうとすると、さらにマニュアルの分量が増え、複雑になる
・**やがてベテラン勢は複雑で分厚くなったマニュアルを参照しなくなる**

◆マニュアル・ルールの問題点

こんな徹底できないマニュアルに意味があるのでしょうか？　それこそ絵に描いた餅です。

なぜマニュアルを徹底できないのか？　原因はたった2つ。それは「量」と「質」の問題です。

「覚える量が多い」（量の問題）
「マニュアルは現場の事情や個性の要素を排除しているため、現場で使いづらい」（質の問題）

まずは「量」の問題です。単純に「量」を減らせば覚えやすくなり、徹底も可能です。だからこそ、単純明快な最小限（「行なうべき行為」と「行なってはいけない行為」など）のルールに絞り込み、マニュアル化を行なう必要があります。しかし、それでは管理者として不安になるでしょう。そこで後に解説する「ガイドライン」を考え、禁止事項をつくることになります。

その一端を示しましょう。例えば修理案内であれば、こんな具合です。

◎行なうべき行為
・当社の保証期間内かどうかの確認

・販売店の長期保証に加入していないかどうかの確認
・保証期間外は有償修理となる案内
◎**行なってはいけない行為**
・「行なうべき行為」の未確認
◎**禁止事項**
・保証期間内であっても商品を確認するまでは、必ず無償になるとは断定できないため、「無償」「無料」の発言は禁止

次に「質」の問題です。ルールをつくり、マニュアル化する際に、管理する側だけの意見で行なってはいないでしょうか？　現場の優秀な対応者も加わって作成しているかもしれませんが、大切なのは、**最終的に個々人が現場で判断できる柔軟性が加味されているか**どうかです。もしかすると現場には、マニュアルのたったひと言が言えない対応者がいるかもしれません。

例えば、こんなことがありました。

マニュアルでは「恐れ入ります」「失礼いたしました」の挨拶のあとで、案件によっては「本日中には対応できかねます」「有償となります」と伝えることになっていました。ところが、クレーム化することを恐れて、こうしたひと言が伝えられない対応者がいたのです。

◆メンバーを考えてのルールづくり

「そんなことを気にしていたら、マニュアルなんてつくれない！」とお叱りを受けそうですが、事実そのような人もいるのです。そこで管理する側は、最劣等対応者対策として、内々の歯止め（ガイドライン）を決めておかなければなりません。例えば、こんな具合です。

・強制的にそのひと言を言わせるようにする **「命令」**
・目標を決めて1日に数回言わせるようにする **「指導」**
・自助努力をするように促す **「努力」**
・言い方を変えて言えるようにする **「妥協」**
・言えなくても知らないふりをする **「黙認」**
・言わなくてもかまわない **「諦め」**

こうしたガイドラインを決めずに対応者を独り立ちさせてはいけません。また、このガイドラインを無視して、今後の課題（宿題）として残してはいけません。課題として取り扱えば、やがて放置され、永遠に収束することはないでしょう。収束しない課題をいつまでも管理するのは大変です。

さて、このようにして決まったルールですが、新人の増加等によって対応者がルールについていけない事態が起きることがあります。その際には、ルールの変更を行なうシステムをつくり出さなければなりません。

ルールを徹底するシステム

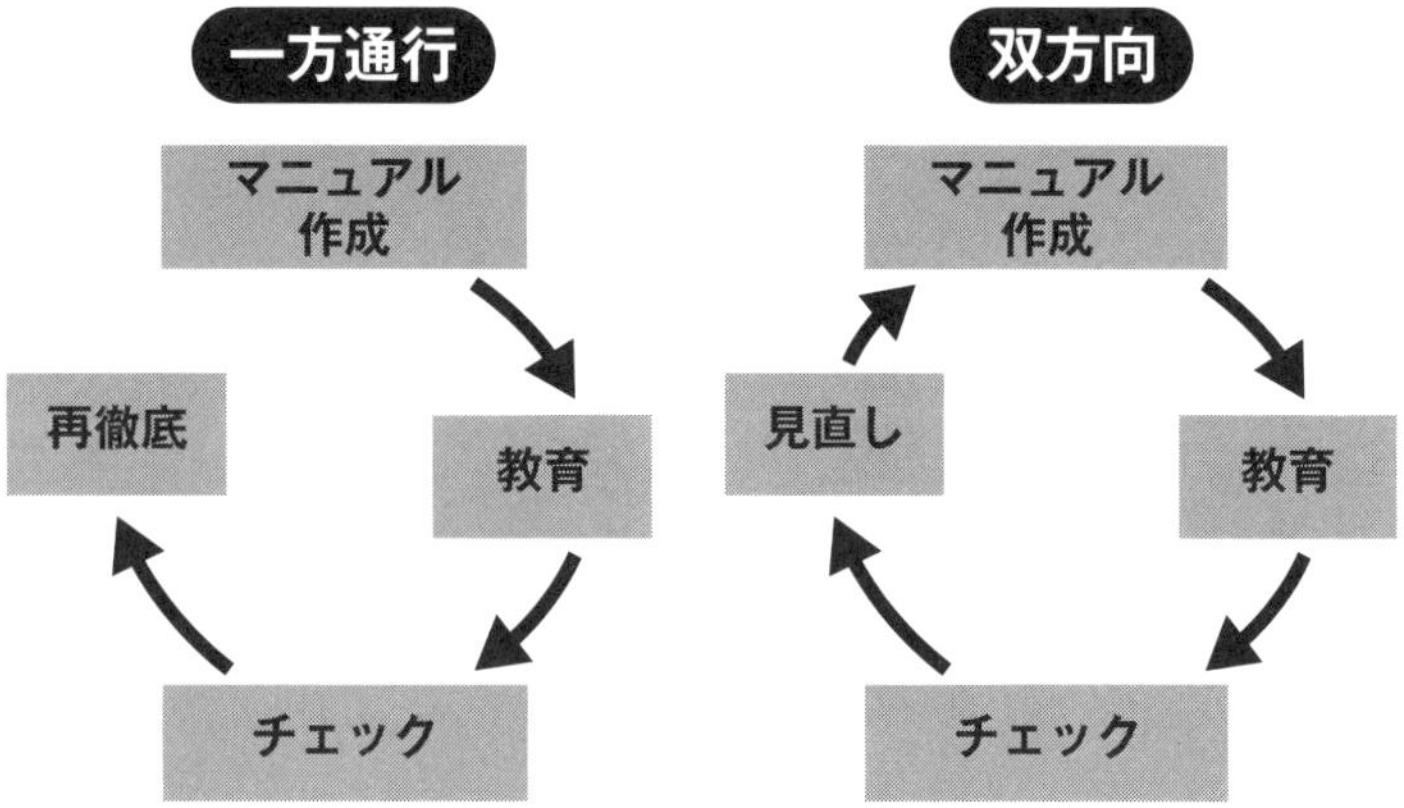

上図は、一般的な「決定したルール（マニュアル）を徹底させるシステム」です。

左は、新たな対応者が、「できる・できない」にかかわらず、徹底的に指導される一方通行型のシステムです。長くキャリアを積んできている対応者には過去の下地があるので、徐々にルールが追加されても違和感はないでしょう。しかし、新人対応者は大変です。過去の下地がない分、いきなり全部を覚えなくてはならず、しかもそれを研修やＯＪＴの間に完了しなくてはならないからです。

しかし、例えば大量増員等を行なえば、ジェネレーションギャップができ、モラル等のいろいろな問題を抱えることになるので、右図のように、「ルール（マニュアル）自体を見直すシステム」が必要になります。

法律と同じように、**未来永劫に使えるマニュアルはありません**。だからこそ、「今いるメンバーが対応できる内容にすればいい」と考えるべきです。これもマニュアルの肥大化の抑止につながります。

◆「ひとつの正解」と「2つの不正解」

さて、次にガイドラインですが、ルールを最小限にすれば、その分、自己判断する範囲が増えますが、その自己判断も管理下に置かなければなりません。

ルールが「正解を示す」とすれば、ガイドラインは「間違いを示す」役割をはたします。そして、ルールとガイドラインのセンターにはモラルスタンダードがあります（モラルスタンダードについては5項でくわしく解説します）。つまりガイドラインは、一定のモラルをベースとして成り立つ、ということです。

さて、ここでガイドラインについて、もう少し見ておきましょう。顧客対応の誤りでクレームに至ったケースです。

まず**「誤った問題点」**と**「どのようにすればよかったのかという正解」**と**「過度の対応」**の3つを考えます。ガイドラインとしては、「ひとつの正解」と「2つの不正解（起きた問題と過度の対応）」があるべきだと考えます。

ここでは、問題点を「対応がマニュアルに沿った機械的な口調で、クレームに至った」ことだとします。そうすると問題点に対する正解は、「顧客感情に配慮した、感情のこもった口調での案内」となります。一般的にはこの2点しか考えません。

しかし、それでは不足しています。「過度の対応」にも触れるべきなのです。では、「過度の対応」とは何でしょうか。考えてみてください。例えば、「顧客の気持ちに感情移入しすぎてしまう」ことがあります。感情移入しすぎて過度に「暗く陰湿に聞こえる口調」になったり、「自信がなさそうで嘘っぽく聞こえる口調」になってはいけないのです。

本書の冒頭でも述べたとおり、今はモラルの多様化が進んでいて、これまでの「常識」が通用しない時代です。ですから対応者に問題点を指摘し、注意する際には、この3つの項目を考えて改善を促すアドバイスをする必要があるのです。

◆権限の委譲が人間らしいセンターにする

最後に、個性を伸ばすための「権限の細分化」です。「権限」は飛行機と同じように、ルールとガイドラインに沿って飛んでいます。ルールとガイドライン内での裁量が任されているわけです。

しかし、非常時には、ルールやガイドラインという枠組みを超えて、自ら判断しなくてはなりません。

一般的には決裁権を決裁者に集中させると、確実に統一的な見解を維持できる組織になります。組織としての意見を統一すれば安全なように思えますが、そこには多くの弊害が存在します。

・決裁者の判断は本当に最善なのか、そして決裁者の判断に誰も意見できない
・業務が決裁者に集中し、多忙になる
・決裁者不在時には誰も決断できない

・対応者は指示に従うのみで、考えない。また考えようとしなくなる
・対応者の個人的な心情や見解が反映されにくい

といった弊害です。

こうした状況下では、おそらく決裁者もストレスが蓄積し、ミスジャッジすることもあるでしょう。しかし、それすら誰も注意できないのです。

個々人の個性を活かすも殺すも上司次第です。たとえ専門的で個性的な考えを持つ個人がいても、上司によってはそれを潰しかねません。それは、とてももったいないことです。

だからこそ、（モラルスタンダードを理解したうえで）ルールとガイドラインを把握している、力のある対応者に個別に権限を委譲するのです。そうすれば、個人の考え方の振れ幅は限定的になります。

個人裁量なので、好きな顧客には好意的な対応に流れ、その逆もあるでしょう。

例えば、マニュアルでは「購入後1年以上は、有償修理となります」と案内することになっていたとしても、個人的に好意を持てる顧客には、「一度商品を確認させてください。その結果、有償・無償の判断をさせていただきます」となります。

これに対し、個人的に好意を持てない顧客には、「修理代が高額になる可能性もありますので、見積り次第では他の商品への買い替えをお勧めします」となることもあります。

対応は「人」と「人」とのコミュニケーションなので、好き嫌いは必ず出ます。それを機械

的に均一化しようとせず、尊重すべきです。ガイドライン内の対応であれば問題ありません。

この権限の委譲には大きくCSを向上させる効果があります。例えば、顧客が無理難題の相談をしてきたときに、上司の判断を仰ぐために保留にする行為です。

顧客はその行為をこう感じるはずです。「この対応者には判断できないのだ」と。すると、怒りや不信は対応者個人に向かわず、「この会社の対応者はこんな判断もできないのだ」と組織や会社のあり方に向けられます。このことは、組織や会社にとっていい影響を与えません。

これに対し、対応者が「大丈夫ですよ。何とかします」と即対応したとしましょう。すると顧客は緊張が緩み、安堵するのではないでしょうか。そして「いい会社、いい部署、いい対応者だ」と感動します。

このように、たった1回の保留ですら、顧客に与える印象は大きく違ってしまうのです。だから個人への裁量の委譲が必要になるのです。上席者が勇気を出して権限を委譲すれば、人間らしいセンターとなっていくことは間違いありません。

4 対応者にはプライドを持たせ、お客様には安心感を持たせる

◆「ウチの商品は故障が多いから買わない」という声

自社の社員のこのような言葉を耳にしたことはないでしょうか？

「ウチの会社は、○○だからダメ」

「あるある」という声が聞こえてきそうです。

実は、コールセンターでも同じような愚痴をよく耳にします。それは、

「ウチの会社でサポートしている商品は故障が多いから買わない」

といった声です。

では、こうした言葉は真実なのでしょうか？　素朴な疑問がわきます。

たしかに、修理専門の相談センターが別にあるにもかかわらず、コールセンターには毎日、何十件もの故障の連絡が寄せられます。日々対応に追われる対応者は、故障の連絡が入るたびに「またか」と思います。そして自社商品を「故障が多い商品」と思い込むようになっていきます。

そこで私は、出荷台数と故障率の統計を取ってみたことがあります。

その結果、次の結論を得ました。

「決して自社の製品に故障が多いわけではない。大多数の製品は故障していない。出荷している台数が多いから故障する台数も多いだけ」

私は部署内のメンバーに、このことをグラフを見せながら口頭で解説し、説明しました（細かな数値は信頼できる対応者にのみ、口外しないという条件をつけて教えた）。

すると対応者のなかからこんな声が聞かれるようになりました。

「他社商品でも壊れた」

「ウチの会社でサポートしている商品を何年も使っているが壊れていない」

そして、こうした声が徐々に大きくなり、自社商品に対する誤解も解けていったのです。

◆自信を持った対応でクレームがゼロに

それまでは、顧客から「故障が多いんじゃないの！」と言われると、「そのようなことはありません」と弱々しい口調で返すのが精いっぱいで、顧客にこちらの不安が伝わり、ときには激高されることもあったようです。

しかし、自社商品に対する誤解が解けたあとは、顧客から「故障が多いんじゃないの！」と言われても、「そのようなことはございません。一部そのような商品もあり、ご迷惑をおかけしてもうしわけございません」と力強い口調で自信を持って言えるようになりました。

この自信のある口調で顧客も納得し、故障に起因するクレームはゼロになりました。

一方、顧客から無理難題を持ちかけられることもあります。そんなとき、対応者がこう言ってくることがあります。

「ムリだと思いますが、お客様が○○の対応を望まれています。何とかそのようにできませんか？」

このように対応者が顧客の意見を尊重し、それに共感した旨を伝えてきたら、こう指示しました。

「このセンターではお客様への均一な対応を望んでいない。あなたがお客様に対し最善の案だと考えるのであれば尊重しよう！　あとは何とかする。しかし今回は特別な対応となるので、このセンターなら可能だが、他部署に入電した際には同様の対応は困難で、おそらく断られるだろう。だから伏線が必要だよ」

こうして当部署の強みを認識させ、顧客には次のように一言一句間違えずに伝えるように指示しました。

「今回はご迷惑をおかけしております。一般的にはお断りをさせていただいておりますが、今回はたまたま準備ができましたので（この言葉が伏線となる）、お客様のことを考えて調整させていただきました。ご希望の手配をさせていただきます。今後ともご愛顧をお願いします」

◆「顧客が喜び、対応者も喜び、管理者も喜ぶ」対応

顧客がこの対応に満足したのはもちろんですが、対応者も「他部署で困難な事柄が、この部署では相談すれば何とかなるかもしれない」と考え、躊躇なく意見を言えるようになりました。こうして、顧客の相談を不可能と自ら判断しない対応者が育成できたのです。

とはいえ、「できることはできる、できないことはできない」のが現実です。しかし、顧客のためだけに全力を尽くすのではなく、**対応者のためにも労を惜しまず駆けずり回る**のも、管理者として当たり前の姿勢ではないでしょうか。結果的に顧客は特別対応に喜び、対応者も顧客に感謝されて喜び、それで管理者も喜ぶようになります。

とくに顧客に対して、「当社はお客様のために特別に対応します」と断言することにより、顧客に「当社の商品を購入してよかった」との安心感を与え、ブランド力を強めることができます。また対応者には、この会社・部署で仕事ができてよかったというプライドが芽生えてきます。

対応者に愚痴を言わせるのも、言わせないのも管理者の裁量次第です。だったら対応者も顧客も幸福感を味わえるようにしたほうがいいに決まっています。

5 「常識」を考えると何も解決しない。だからこそ「モラルスタンダード」を統一する

◆お客様も対応者も千差万別

顧客対応を行なっていると、いろいろな価値観を持った人に出会います。無料で他に類を見ないような最高のサービスを望む無謀な要求をしてくる人もいますし、逆にお金を出しながらサービスの提供は望まないという人もいます。もうしわけありませんが、私にはどちらも理解できません。

さすがに極端な要望は、クレーム覚悟で丁重にお断りしています。ちなみに、過大な要求をしてくる人たちも、普通に日常生活を営んでいる一般的な人です。

女性専用車両の案内は「ご協力をお願いいたします」（任意協力）となっており、「乗車しないでください」「禁止です」等の絶対ダメの表記はしてありません。しかし、禁止されていなくても、普通はルールとして協力し守ります。この調子でお客様に「みなさまにご協力をお願いしております」と言うと、「嫌だ」「協力でいいなら、しない」と返答されることもあります。私は、「まあこれもひとつの考え方だ」と承っています。

このように、人によって考え方や受け止め方は異なるものです。対応者の年齢層も10～60代と半世紀の幅があり、そこにはジェネレーションギャップもあります。ですから、あらためて「常識とは何か?」という定義を決めなければならなくなってきました。

◆パーフェクトな案内・提案はない

しかし、常識を定義するのは簡単ではありません。一部の人たちだけで決めるのは非常に乱暴です。しかし全員で決めるには、膨大な時間と労力が必要になります。

さて困った。そこで考えました。すべて理屈が合えば正解としたのです。別の言い方をすると、**倫理的（公序良俗）に反せず、問題を起こしにくいと判断した場合は正解**としました。

なぜなら、顧客の価値観が様々ならば対応者の価値観も様々で、**顧客対応に定石はあれど正解はない**からです。見方を変えれば、どんな案内・提案をしても必ず問題点はあります。パーフェクトなどあり得ません。顧客を絶対的に論破絶句させる完全な（揚げ足をとられない）対応など存在しないのです。

とくにクレーム対応時の相談には注意を要します。対応者から提案される対応策には、さらに踏みこんでブラッシュアップする余地があることが多いからです。

要は、顧客からの反論に対する対応策をあらかじめ練っておく必要がある、ということです。

このように言ってもイメージがつかみにくいでしょうから、具体例で示しましょう。

「消耗品が手に入らない。一刻も早く欲しい」というクレームがあったとします。その際に、対応者から「今回のみ無料送付して欲しい」と特別対応の相談を受けました。

もし対応可能と判断したとしても、そのときに簡単に承認すると大変なことになります。なぜなら、対応者のレベルによっては、クロージングまでのシナリオが描けていないことがあるからです。ですから安易に、「それでは、ご迷惑をおかけしておりますので、こちらより送付させていただきます」と案内すると、「それまでどうしたらいいのか！」という顧客の反論に言葉が詰まってしまいます。

このように、顧客の反論を想定していないと対応者は絶句し、再び電話を保留にして、助けを求めにくるでしょう。そしてこの瞬間に、顧客は対応者の最初の提案では絶対に納得せず、自分の考えを固持するスタンスを取るに違いありません。そうなるとせっかくの特別対応も水の泡です。しかもほかに手はありません。

そこで、**わざと争点を変える**ように指導します。まずは断言せずに語尾を変えて、こう言うことです。

「それでは、ご迷惑をおかけしておりますので、こちらより**送付させていただきたいのですが**」

対応者によっては、「語尾が変わっただけだ。馬鹿げている」と考えるでしょう。ここに対応者と私の常識の差があります。

次に顧客から、「それまでどうしたらいいのか！」と反論されたら、こう答えるのです。

「一刻も早く販売店様へ供給させていただきますが、販売店様のご都合もあるでしょう。弊社としては少しでも早くご利用できるように送付の手配を進めさせていただきたいのです。今の時刻なら必ず（余裕を見て）**明後日にはお届け可能です**」

こう断言します（ふたこと続けて断言すると、横柄な対応と受け止められる危険性が高くなる）。こう言うことで、この対応が長引けば明後日の到着もむずかしいことを示唆できます。

すると争点は、「消耗品が手に入らない」から、「いつ届くのか」に変化します。そこで「午前中に必ず」との要望があれば承り、明日中との要望であれば、「可能なかぎり頑張ります」と返答すればクロージングが可能になり、対応者も絶句せずに余裕を持って対応できます。

せっかくの特別対応ですから、ＣＳとＥＳを同時に向上させなければ意味がありません。

◆当たり前のことを「理由を説明して」指導しなければならない

このような案件を扱っていると、徐々に「顧客」「対応者」「私」の三者の「常識」がズレているというより、もっと深い「モラル」の部分でズレていることに気がつきます。さらに深く見ると、対応者同士の考え方がまったく異なることに気がつきます。

それを客観的に見ている分には面白いですみますが、仕事の現場では、それがぶつかりあって、やがて感情論になり、最後は屁理屈になっていきます。だからこそ、当たり前のことを指導しなければならないのです。

例えばこんなことです。

・椅子の上には正座しない
・業務時間中にはガムを噛まない
・遅刻をしない、欠勤しない
・欠勤する際には、本人が電話で連絡する
・他人に迷惑をかけてはいけない

おそらくこれをご覧になった方は、「そんなことは常識だよ」と言うでしょう。しかし、今はモラルが多様化しているため、このようなことについて指導すると、傲慢と受け取られることもあります。ですから指導する際には、非常に面倒ですが、いちいち理由を説明しなければなりません。

・**椅子が壊れる**から、椅子の上に正座してはいけない
・**対応中にガムを噛む音がすれば、相手に不愉快な感情を抱かせる**ので、業務中はガムを噛んではいけない
・やむを得ない状況以外は、**他のメンバーに迷惑をかける**ので遅刻や欠勤をしてはいけない
・欠勤する際には、**確認するべき内容がある**ので必ず本人が電話で連絡しなければいけない
・他の人が不愉快になれば、**職場環境も悪くなりコミュニケーションが破綻する。**だから他人に迷惑をかけてはいけない

◆若い対応者、年配の対応者、顧客への接し方

まるで幼稚園児に言い聞かせているようですが、叱られた経験が少ない世代には、「なぜダメなのか」をしっかりと指導しなければなりません。これは、いわば躾と言えるかもしれません。

しかし実は、この逆もあるのです。それは年配の入社者です。

年配者は前の職場で長年勤めあげ、指導者的立場になって、誰からも叱られなくなっています。ですからプライドもあります。前職場の常識が全職場で通用すると考えており、新しい職場になかなか馴染めません。また、新しい職場の決めごともなかなか覚えられません。だからといって、高圧的に接すればますます話を聞かなくなり、無視するようになります。そのため若い世代と同様に、園児に教えるように優しく根気よく指導しなければならないのです。

いずれの世代でも、高圧的に出ればハラスメントと呼ばれるような時代です。何事があっても優しく接しなければなりません。何かが間違っている気がしますが、しかたがないことなのでしょう。

このことは顧客に対してもまったく同じです。ですから対応時に、**「普通は」「常識的に」「一般的に」の文言を禁句**にしました。なぜなら、揚げ足を取られることがあるからです。

「だったら私は異常者ですか?」と顧客に激高されても、企業側の立場として肯定はできません。また、争点がこの点に絞られると対応に非常に時間を要するし、何よりも面倒です。

◆モラルスタンダードを整備する

また私は、対応者同士の対応時におけるモラルを統一しました。これがモラルスタンダードの整備です。「個々人のモラルを職場にいるときだけ変えるのは不可能。だから**顧客に対応する際の常識を整備しよう！**」ということです。

まず知識。例えば、電気街と呼ばれている大阪の日本橋。ここは日本橋駅の側なのかどうか。それを知っているかどうかです。日本橋は日本橋駅の側ではなく、駅名で言えば恵美須町駅にあります。このことは大阪人にとっては常識です。

そこで例えば、「修理は恵美須町の窓口へお持ち込みください」と案内することがあります。そのとき、お客様から、「今、日本橋の電気街にいるけど遠いですか？」と問われたりします。実は窓口は日本橋と目と鼻の先なのですが、他府県出身の対応者は「恵美須町」をまったく別のところの地名と錯覚していることがあります。

このように、誰でも常識と思っていることでも、対応者によって認識が異なることがあるため、アンケートを実施し、「常識」を整備しました。

次に行なうのは、顧客を思いやる力（スキル）の育成です。顧客の相談を聞き、その内容、口調、トーンなどから何を感じ取るかです。

例えば、質問を矢継ぎ早にして、答えを急かす顧客。この顧客は「なぜ急かすのか？」を考えさせます。正解はありません。大切なのは、考えて仮説を立てる推理力です。

ですから私のところに相談にきた対応者にはこう言いました。「この顧客はなぜ、せっかちなのだろうか？」。感じた事柄を整理し、考えさせ、逐次仮説を立てさせました。

すると、「忙しい」「電車に乗りたい」「バスを待っている」等々の仮説が出てきます。次に「ならば、あなたの最善の対応はどうすること？」と聞くと、「即答すること」と言います。

そうしたら、こうアドバイスします。「ならば即答するには何をすればいいか考えて欲しい」と。

さらに、こうつけ加えます。

「急いでいる顧客にはゆっくりとていねいに話していてはいけない。相手を苛つかせることになってしまう。『一所懸命頑張って伝えています』といった姿勢を表現できるようになって欲しい」

大切なのは**正解を導き出す力ではなく、「なぜ？」を考える力**なのです。

重要なことなので繰り返し言っておきます。本項で示したことを、「何これ？　社会人として常識だ」と感じたかもしれませんが、彼らにしてみれば「常識」ではないのです。

だからこそ規則や規律が大切なのですが、それはやみくもに規則や規律で縛るということではありません。CS向上の手法を考える前に対応者に向かい合い、個々人を尊重し、「人をつくる」ところから始めなければESもCSも絶対に向上しない、ということです。

そのためにモラルスタンダードの整備が必要不可欠なのです。

3章

メソッド❷

ES向上でCSを向上させる手段をインプットする

1 チップ制度がない日本。だから顧客を満足させる意味が見えない

◆CSは高額なチップを得るための手段

CS（顧客満足度）の概念の始まりはアメリカだと言われていますが、そこにはチップ制度が関係しています。

チップ制度は個人が顧客に高いサービスを提供し、その対価としてチップを受け取る制度です。要は、個人の努力によって顧客を満足させる、ということです。CSは、**高額なチップ（報酬）をいかに得るか**、から考えついた商売の手段なのです。

これに対し日本では、あらかじめ均一のサービス料金が設定されています。そのため、サービスの程度によって料金が異なることはまずありません。あるとすれば旅館などでの「心づけ」ですが、これはサービスが提供される前に支払うので、成果に対する金額ではなく、事前に成果を期待する性質のものです。

結局日本では、サービスの質を向上させるのはあくまでも企業であり、個人がサービスの向上に努めても、それによって顧客から直接報酬を得ることはありません。報酬は売上げという

形で企業に入ることになります。ですから他人との報酬の差も生まれにくいのです。

一方アメリカでは、個々人の努力がサービスの質や報酬に直接関係してきます。こうした制度のもとでは、当然ながら報酬に差が出てきます。それによって生活の格差も生まれます。生活を少しでも豊かにするためには、自ら努力し、結果を出すしかないのです。

◆努力が報酬に結びつかない日本

個人としてマナーや作法を学ぶために本を購入するとしましょう。するとこの行動は、

・日本では、自分自身のレベルを上げるための買物
・アメリカでは、高い報酬を得て、生活を豊かにするための個人的な投資

となります。

この2つは一見すると同じように見えますが、そこには大きな違いがあります。

前者の場合、「学ぶ者」と「学ばない者」の報酬に差がつかないため、投資とは考えにくいでしょう。いわば個人の意識（さらに言えば趣味）の領域です。ですから個人が自分のレベルを上げても、その成果は売上げという形で会社に入ってしまいます。

これに対してアメリカでは、個々人がする努力は顧客から高いチップ（報酬）を得るための行為なので、自分への投資になります。

日本では結局、「いくら個人が出費して努力しても、個人のお金にはならない」となってし

まうのです。こうした環境のもとでは、上司がCSを向上するために「本を買って勉強しろ」と言っても、報酬が増えない以上、部下は努力したくないのは当たり前です。

個人的な努力が会社に成果をもたらしたなら、努力した個人に利益を還元する方法を考えなければなりません。ところが会社は、利益を還元するという名目で、職場環境の改善や増員等々の施策に走りがちです。

そこにあるのは「全員平等に楽になりましょう！」という、まさに運命共同体的な姿勢で、依然として「努力した者」と「努力しない者」との差はまったく生まれません。

◆あえて厚遇と冷遇という格差をつける

努力の成果について、昇格させて報酬を上げる手法もあります。しかし、昔であれば、昇格の名誉と昇給に喜びを感じた人が多かったでしょうが、今や「昇格すると仕事量と責任は増大するが、報酬は少ししか上がらないから割に合わない」と考える人も多くなっています。

個人の意識も変わったのです。ならばどのようにすればいいのでしょうか？

賛否両論あるでしょうが、私は対応者の努力を評価し（評価基準は本章7項で解説します）、それにもとづいて待遇を変えました。**努力した対応者は厚遇し、努力していない対応者は冷遇しました**。それも可能であれば、あえて客観的に目で見える形で冷遇すべきです。そのほうが、厚遇対応者により高い優越感が芽生えるからです。冷遇された対応者には差別ととられてもしかたありません。

この格差が重要です。それがES（従業員満足度）になります。この差が大きければ大きいほど、厚遇対応者はさらに努力するようになり、冷遇対応者はより一層の努力を強いられます。

しかし、冷遇された対応者のなかには、卑屈になる者も出てきます。しかし会社は学校ではありません。身銭を切って本を読んで「学ぶ者」と、一切「学ばない者」とを公平に扱うことこそが、理不尽であると考えるべきです。

部署内の**ＫＰＩ**（Key Performance Indicator：**重要業績評価指標**）と**ＫＧＩ**（Key Goal Indicator：**重要目標達成指標**）を達成するためには、厚遇対応者の一層の頑張りが必要不可欠ですが、そこには冷遇対応者も含め、「全員が学ぶ者」となり、一丸となって頑張ってもらいたいという思いがあります。

◆プライスレスな報酬でもＥＳは上がる

さて、先にも記したように、日本では努力した個人に直接、金銭による報酬を渡すことはできません。このことは最初に、評価の対象である対応者に公言して伝えておく必要があります。

したがって、個人に対する報酬は金銭によってではなく、いわばプライスレスなことで払うことになります。例えば、**席替え時に希望優先順位を上げる**、といったことです。

「え？ そんなこと？」と思うかもしれませんが、たったこれだけのことでも有効なのです。

コールセンターでは、対応者は自分の席で1日の大半を過ごします。そのため、空調による体調の管理、上司席との遠近によるプレッシャーとゆとり、窓際の外光と照明、寒暖差など、多くの要因が仕事に影響を与えるのです。

望む席に移ることができれば、こうした環境を自分の希望にマッチさせやすくなります。だから対応者にとって、自分の席がどこになるかは非常に大きな問題なのです。自分の希望がかなえばESが向上し、生産性やCSにも好影響を与えます。

その他、**休日や昼食時等々で希望を受け入れてあげる**という方法もあります。希望を受け入れてもらった対応者は「気分よく」仕事ができるようになり、やはりESやCSが向上していくのです。

2 管理とは「監視でなく見守り」。安心感がESを向上させる

◆対応者への「目配り」「気配り」「心配り」

・机に向かってパソコンを見つめている
・腕を組んで周囲を見渡している

コールセンターの管理者によく見られる光景です。対応者からの報連相待ちのうえに、対応者に近づくのは「指摘」や「確認」するときのみ。

このような状態で、対応者への「目配り」「気配り」「心配り」ができているとは言いがたいでしょう。「心配り」とは「心配」です。管理者であるならば「顧客を心配する」だけでなく、目の前にいる「対応者を第一に心配」しなければなりません。

しかし対応者は、上司が近づいてくると、まるで化け物が近づいてくるかのような恐怖を感じて萎縮してしまう。私はそんな部署を多く見てきました。

このように対応者にプレッシャーを与えるのは、「管理」ではなく「監視」です。そんな恐怖統制下では絶対にESは向上しません。だからCSも売上げも向上しなくて当然です。

管理者側にもたくさん言い分があるでしょう。しかしその言い分は、対応者に「伝わって」はいても、「理解」はされていないでしょう。もし本当に理解されていたら、対応者が恐怖を感じたり萎縮するはずがないからです。

◆上司は一挙手一投足に意識を集中しなければならない

もっとも重要なのは、「対応者からどのように見られているか」です。

例えば、こんなことはないでしょうか？

忙しい最中に関係部署から突然の電話。その電話に笑顔で雑談を交えながら交渉する。

これも、ビジネスシーンでコミュニケーションを円滑にするためには必要な手法です。しかし、上司が談笑している姿が見えるところで、対応者は苦しい表情を浮かべてクレーム対応をしています。もしもあなたが対応者で、「助けて欲しい」「モニタリングして欲しい」と思っているとき、上司の光景を目にしたらどうでしょうか？

おそらく不信感を抱くでしょう。私なら「何て非情な上司だ！」「それでも管理職か！」「高給ドロボー！」と憎しみを抱いて、信頼できなくなるでしょう。

ここで「しかたない」と思わないでください。管理者は多くの対応者を見ていますが、対応者は全員、管理者ひとりを見ているのです。だから対応者は、ほんの些細な管理者の言動に一喜一憂します。それがESとなりCSに大きな影響を与えるのです。

つまり上司は、対応者にCS向上を促すために、一言一句に注意しなければならないのと同程度に、ESを向上するためにも、指の先まで一挙手一投足に意識を集中しなければならないのです。**対応者に最高のCSを望むのであれば、上司は最高のESを考えるべき**であり、それは上司の義務です。

◆失敗を学ばせるための管理

もうひとつ絶対にやってはいけないことがあります。それは、**対応者に「失敗をさせない」こと**です。

- **監視とは「失敗を起こさないための管理」**
- **見守りとは「失敗を学ばせるための管理」**

私はこう位置づけています。

対応者は個々の顧客に即した、変化に富む対応を常に求められています。よかれと思った言動に反感を抱かれてクレームになることもあれば、逆に手を抜いた対応に喜んでくれる顧客もいます。日々何が正解で何が間違いなのか、自問自答するなかで見えない答えを探りながら、的確に一言一句を発しなければなりません。

そのために必要なマニュアルやガイドラインを「転ばぬ先の杖」として準備しますが、その杖を使う使わないは対応者の（選択ではなく）勝手であると認識するべきです。

モニタリング中に、明らかに誤った対応があっても、その対応が終わるまで一切のアドバイスをしないのはもちろんのこと、モニタリングしている行為すら悟られてはいけません。悟られただけで、上司から誤りを指摘されるのではないかという恐怖心から緊張が増幅され、顧客よりも上司に意識が向かい、顧客とのコミュニケーションが成立しなくなることも多いのです。

これは対応者の誤対応ではなく、管理者が誘導した誤対応です。**対応終了後に、正しい対応法を知っているかどうかだけを確認**すればいいのです。知らなければ正解を教え、知っていれば何もアドバイスはしません。それだけで、対応直後に同案件が問われた意味に気づくものです。

また、ひと言もアドバイスや指導をしないことで、対応者に「自分は上司に信頼されている」と実感させることができます。こうして上司に見守られている安心感が芽生え、やがてそれは対応者の心に植えつけられていきます。

◆顧客の相談を正しく理解しているか

ただし次のようなケースでは、状況により、顧客に訂正のために再連絡の指示を出します。

例えばこんな購入相談があったとします。

顧客「来年、新しいOSが出るそうですが、このパソコンは大丈夫ですか？」

この場合、顧客の質問が不明確で、2つの解釈ができます。

①「来年、新しいOSが出るそうですが、このパソコンを**このまま使用して大丈夫**ですか？」

②「来年、新しいOSが出るそうですが、このパソコンは**バージョンアップ可能**ですか?」
返答は、①の場合は「大丈夫です。ご安心ください」となり、②の場合は「現在、未確認で詳細はわかりかねます」となります。

もし対応者が、「大丈夫です。ご安心ください」と返答をしたとしたら、顧客の質問の意図を①のように解釈したことになります。しかし質問の意図が②のとき、翌年バージョンアップ不可となったときには、返品・クレーム騒ぎになります。

このように解釈の齟齬が起き得る対応が繰り返され、それに対応者自身が気がついていないのであれば、本人の資質に問題があるので再指導が必要になります。

また、あえて対応者の恐怖心を取り除き、安心感を醸し出すと、対応者のなかには、どんな対応をしても叱られず、クレーム等の問題発覚時にはサポートしてもらえるか、対応交代してもらえるという勘違いの甘えを抱く者も出てきます。

このような仕事への姿勢は、断固として許すわけにはいきません。こうした対応者には再度導入研修~OJTを行ない、修正を促し、徹底した監視を行なう必要があります。

それでも改善されないときには上司の支配下におき、プレッシャーを与え続けます。

しかし、そうした指導は本意ではありません。特別な状況を除き、恐怖統制のような監視は行なってはいけません。

3 やる気を削ぐアウトバウンド。対応者の力と好みを知り効率を向上させる

◆アウトバウンド（発信対応）を嫌がる担当者

今では多くの人が携帯電話を持っていますが、チャットツールが出現したことで、電話として発信する頻度は減ってきています。

その影響からか、電話をかける行為を不得意とする人が増えているようです。これはコールセンターの対応者も同じです。電話を受けるのは得意でも、発信を嫌がる人が多いのです。「今電話をするのは、タイミングが悪いのではないか」とか、「迷惑行為になってしまうのではないか」などと顧客を気遣うあまり、発信を恐れてしまうのでしょう。

サポートセンターで行なうのは主にインバウンド（受信対応）なのですが、営業部や販売店から顧客への発信依頼があったり、折り返し顧客に連絡しなければならないことも多々あります。それを嫌がる対応者が多いのです。上司がどんな指示の出し方をしても、対応者は不満を抱き、モチベーションが必ず削がれるのです。

ですから基本的には、モチベーションを上げる手段などないと考えたほうがいいのですが、

まったく術がないわけではありません。問題はこの嫌がる業務を誰にさせるかなのです。候補者の筆頭はOJT中の新人対応者です。このように言うと、嫌がらせのように聞こえるかもしれませんが、決してそうではありません。

あらかじめ顧客情報や相談内容がわかっているので、事前に回答を調べ、準備をしたうえで対応することができるからです。

◆新人に任せてはいけない「ひと言で回答できる相談」

しかし、ここで多くの上司が発信案件の選定を間違え、新人対応者をパニックに陥らせてしまいます。それは、案件選定の際に、簡単なひと言で回答できる相談を選んでしまうことです。

例えばこんな相談です。

「キーボードに［A］が見当たらない」
「CDの入れ方がわからない」
「デスクトップ画面のアイコンを削除してしまったが、元に戻したい」

こうした相談に、新人の対応者はついひと言ですませようとします。

たしかにひと言で解決できる相談ですが、このことを顧客の立場で考えてみましょう。

顧客はどこかの部署の誰かに相談して、折り返しの電話を待っています。そこでまず感じているのは、「待たされている」という苦痛です。そして連絡がきた。そこで苦痛はいったん消え、安堵します。

次に、対応者が相談内容を確認し、ひと言で回答を伝えたとします。おそらく1分もかからないでしょう。すると顧客は、その回答が適切であるかどうかにかかわらず、物足りなさを感じます。そこで、日頃気になっていた些細なことを質問します。先の案件で言えば、こんな具合です。

「キーボードの配置は誰が決めたの？」
「持っているCDをパソコンにコピーできるの？」
「プログラムをインストールしたけど、どこにもアイコンができない。どのようにすればいい？」

突然こんなことを聞かれると、一瞬で対応が終わると考えていた新人対応者は、意表を突かれてパニックに陥ってしまいます。

それを見た指導員は指示を出したり、対応者を交代させますが、一度パニックに陥ってしまった対応者は自信をなくしてしまいます。こうしてモチベーションも低下します。だからこそ新人対応者には、あえて所要時間が2分以上必要な、少しむずかしめの案件を振るのです。

◆クレームになりそうな案件はベテランに

では、ひと言で対応が完了しそうな案件を誰に任せるかですが、突発的な第二第三の質問に対応できるベテランの対応者に依頼すべきです。

さらに、ベテランのどういった人に依頼するかですが、第一の候補は発信対応を好む者です。多くの対応者のなかには、相談内容がすでにわかっている案件を好むベテランもいます。そういった者に振るのです。

これにより全員のモチベーションも向上し、部署としても飛躍的に生産性を向上させることができます。生産性を乱すクレームになりそうな案件を新人対応者に任せてはいけないのです。クレームになりそうなむずかしい案件は、とにかくベテラン勢に任せることです。その際には、それぞれの得意分野を考慮すると、なおいいでしょう。

得意分野と言うのは、例えば、

「ハードウェアが得意」
「ソフトウェアが得意」
「ネットワークが得意」

といった具合です。個々の得意分野を見極めて依頼することで、ESとCSの両方が向上し、生産性もアップします。

クレームになりそうな案件であっても、誰が対応しても品質や生産性に影響を与えないような案件ならば、チャレンジ精神のある厚遇対応者で、なおかつ平均対応時間の長い者に依頼します。万が一クレームに至っても、センター全体に与える影響が微増ですむからです。

このように管理者は、ES、CS、そしてセンターの品質と生産性を常に意識していなければばなりません。発信対応がうまくいけば、センター全体の雰囲気がよくなります。センターの品質を向上させるか衰退させるかは、この発信対応案件の割り振り方次第と言っても過言ではありません。

◆発信ルールを整備する

センターの効率を上げるためには、発信対応者のストレス軽減と生産性を上げるための発信ルール（目安）の整備も必要です。それは次の5点です。

①折り返しのアナウンスを行なってから発信までの時間の管理

↓待たせる時間が短いほど顧客の不在率が低く、再発信によるタイムロスも減少するので、生産性が向上する。

②何コール目まで待つか？

↓呼び出す回数を一定にすることで、生産性の向上とクレーム発生率の低下につながる。

③留守番電話に入れるメッセージは？

↓留守番電話に切り替わっているときのメッセージの定型文を作成する。これによりクレーム発生率が低下する。

④不在の際の再発信の時間の管理

↓不在時の再発信までの時間間隔を一定にする。また窓口終了間際の対応マニュアルを作成する。これにより、生産性向上と翌日持ち越し案件の管理が可能になる。

⑤顧客からの入電の際の対応手順

↓次のような顧客からの入電時の応酬話法と連絡手順を作成する。これにより、無用な発信が削減できる。

・他部署から発信依頼される前にくる顧客からの入電時
・他部署から発信依頼された後にくる顧客からの入電時
・対応者発信後、顧客からの「先ほど着信があった」との入電時

とくに「⑤顧客からの入電の際の対応（手順）」の案件は、リアルタイムでの対応がむずかしいものです。ですから顧客を混乱させず、スマートな対応を行なうために、対応履歴を残すCMS（Call Management System：コールセンター全体を管理するシステム）の「対応履歴の参照方法」「データ競合時の回避手順」「対応履歴の残し方」の手順書などの整備が必要不可欠になります（なお、この3点については各CMSによって手順が異なり、またCMS全体のシステム構成から順次説明しなければならないため、説明を割愛します）。

こうしたことは管理者にとっても苦手な業務かもしれませんが、CSを向上させるのであれば、避けて通ることはできないと考えるべきです。

4 優秀な対応者への指示は「適当に」で自信を持たせる

◆「適当に」という指示の意味

裁量を大幅に委譲している優秀な対応者には、危機的な状態のときを除いて細かな指示をしてはいけません。なぜなら、彼らが上司のもとにくるのは、「どうしたらいいですか？」という相談ではなく、「このようにできませんか？」と自信を持って提案し、承認を得るためだからです。

とはいえ、上司のもとにくるときには恐れを持っています。それは責任を追及される恐怖と言うよりは、自身の提案が管理者を含めたセンター全体に大きな迷惑をかけないか、という恐れです。

こうした姿勢での提案ですから、大きな誤りがなければ、全権を委ねる意味を込めて、あえて「適当に」と伝えましょう。

間違えないで欲しいのですが、この言葉は、顧客や対応者をないがしろにしているわけではなく、むしろその逆です。徹底的にＣＳにこだわった指示であり、「一個人として顧客に向き合え」との命令です。その責任の所在は私（上司）にあるのです。

顧客に接する瞬間、企業内の誰よりもその顧客を理解しているのは現場の対応者です。だから「適当に」と言えるのです。

当然ながら、対応者が上司に「適当に」と指示されるようになるには多くの経験、知識、スキルの蓄積が必要です。その内容は対顧客だけでなく、対上司、システム全体（CMSの構造～5W1Hでの対応後、さらにどのような対応を行なうかまで）、関係部署のノウハウにもおよびます。

◆優秀な対応者はどう育つか

しかし、日々顧客対応に追われる対応者が、それらを確実に身につける機会はまったくありません。企業内機密事項もあり、教える機会もありません。そうした状況にあって、どうすれば対応者はこうしたノウハウを習得できるでしょうか？

それは、対応者の「なぜ？」から始まる知的探求心と顧客を思いやる心です。

例えば、ほとんどの対応者は顧客とは一期一会で、二度と同じ顧客に対応することはありません。ですから、一度対応を終了した顧客が、その後どのようになったかを気にする必要もありません。ある意味、いちいち気にしていては身が持ちません。

それでも、「あの顧客はその後どのようになったか？」「再度お問い合わせをいただいていないだろうか?」「対応でクレームに至っていないだろうか?」と気になる案件もあります。

そんなケースでは、気になってその顧客の対応履歴を参照すると、想像を超える展開になっていることも多いのです。例えば、こんな具合です。
・プレゼントの購入相談が、消耗品のクレームに発展していた
・最新機種の故障クレームが、2台目の購入相談に変わっていた
・開梱設置の相談の翌日に、梱包方法の問い合わせがきた
そこから「なぜ?」が始まり、探究心の強い対応者は、そのような顚末に至った原因を把握しようとします。そして、徐々に理由をひも解いていくうちに、「なぜ」「いつ」「どこで」「誰が」「何を」「どのようにした」が見えてきます。それでも納得できないときには、上司に詰め寄って説明を求めます。

こうして初めて、対応終了後〜顚末までのプロセスを知るのです。

こうした行為の回数が重なり、様々な顧客情報が蓄積されると、顧客の第一声から、後々に起こりそうな5W1Hを予見できるように成長していくのです。そして今後、あとの対応者とどのような連携をとればいいかもわかってきます。

そうした情報をCRMに履歴入力すると、それは次の5項目にまとまり、まるで物語のように整理されます。
・顧客の主訴(相談内容)

CSを生む優秀な対応者

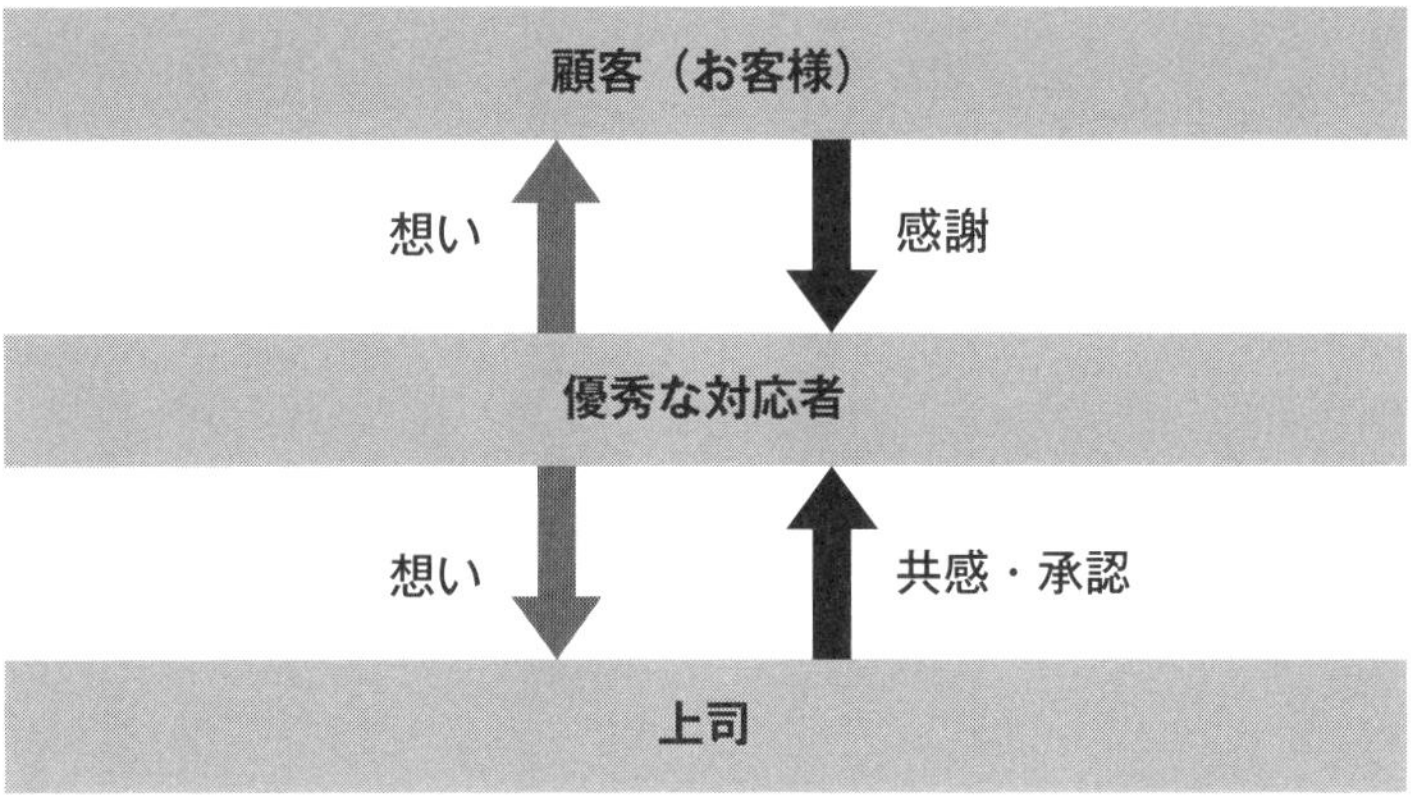

・要望
・確認事項
・提案項目
・あとの担当者への伝達事項

◆カスタマイズされた自由自在の対応

ここまでの対応ができるようになれば、あとは個々の顧客の問い合わせ（相談）の背景を含めた、一歩踏み込んだ個別対応のカスタマイズです。それはときとしてルールやガイドラインを逸脱した対応となることもあれば、逆にルールやガイドライン内の限定した対応になることもあります。それらはすべて顧客への想いを含んだ、対応者の個人的な見解になります。

この流れに沿っていけば、経験で身についた過去のプロセスにあてはめ、あらかじめ作成した台詞で対応しているかのように話を進めることができます。それはもしかすると「導いている」と表現したほうが正解かもしれません。

そしてバトンを渡されたあとの対応者は、顧客にスマートな行動がとれるようになり、顧客から称賛されます。これがＣＳです。

顧客からの称賛は、その対応者だけではなく、関係部署を含めた会社全体への称賛を意味します。当然、顧客に称賛された担当者は気分がよく、周囲からも一目置かれるようになります。すると、多少の無理難題の提案をしても「今回は大目に見よう」となり、部署間や対応者間で起こるトラブルも皆無になるのです。

5 意識的に「断れる環境」を与え、コミュニケーションを円滑にする

◆トップダウンの弊害

職場での「断れる環境」づくりですが、これなくして円滑なセンターの運営はできないと言っても過言ではありません。

配属されたばかりのときは、右も左もわからず、トップダウンで指示されたことに従順に従うでしょうが、なかには疑問を持つような理不尽な指示もあるでしょう。そんな指示にも従う部下は、上司と師弟関係を結んでいるかのように見えるものです。

しばらくして周りの環境に慣れるに従い、理不尽な指示には不満を抱くようになります。しかし、その不満を口にすると、上司に「刃向かう」「口答えする」「指示に従わない」部下というレッテルを貼られ、「社内に居にくくなってしまうのでは?」と恐れ、我慢と辛抱を強いられると、ストレスを溜め込むことになります。それが顧客への対応にも現われ、CSに大きな影響をおよぼすことになるのです。

結局、どのような命令にも嫌な顔をせずに従う、忍耐強いイエスマンのみが重宝がられて、

正当な意見具申をするチャンスが与えられない、というのが多くの現実ではないでしょうか。とくにトップダウンの傾向が強ければ強いほど、従業員のESは低下し、顧客のCSも低下します。

ここで、**なぜトップダウンが強い職場ではCSを向上できないのか**を説明しておいたほうがいいでしょう。答えは至って簡単です。

問題1：顧客を見ていない……トップダウンが強い職場というのは、いわば恐怖政治を行なっているのと同じである。そのようなセンターでは、対応者は上司の顔色ばかりを気にして、肝心の顧客を見ていない。そんな状態では顧客の想いを汲み取り、顧客に対応者の想いを伝える業務の遂行はできない。

問題2：判断が上司の独断になる……顧客は様々であり、上司ひとりの知識だけでは絶対に追いつかない。しかし、上司の判断が誤りだと気がついても、トップダウンのもとでは誰も意見できない。対応者はその判断が誤っているのを知りながら対応を行なうことになる。

問題3：ノウハウの流出と経費の増加……普段、対応者は顧客からストレスを受けているが、トップダウンのもとでは、上司からもストレスを与え続けられる。すると業務を苦痛と感じて退職者が多くなる。その結果、プロフェッショナルが育たず、CSが低下していく。

◆NOと言える環境づくり

こうした事態を避けるには、部下と上司のベクトルを合わせなくてはなりません。部下と上司は役割や業務内容が異なるだけで、顧客に真摯に向き合う姿勢は同じ、ということをしっかり認識させるのです。

そのためには、**誤りは誤りと言える職場環境に整備する**必要があります。その初めがNOと断れる環境づくりです。それにはまず、上司が耐性を持たなければなりません。今まで命令に従順に従ってきた部下がある日突然、「できません」「嫌です」「やりたくありません」と言ってきたらどうでしょうか？　憤慨するでしょうか？　落胆するでしょうか？

私は憤慨しました。周りの目があるため怒鳴りはせず、平静を装いましたが、内心ムカムカして腹の虫が治まりませんでした。しかし客観的に自分自身を見つめ直すと、私は日頃、部下に「一緒に頑張ろう！」と言って、部下の気持ちを理解していたつもりでしたが、そうではなかったのです。

憤慨したということは、結局、部下に絶対服従を期待していたのだと気がつきました。しかし部下がいなければ、私は上司の職責をはたせず、業務遂行もままなりません。

それ以来、折を見て、断れない部下にはNOと言うように伝えました。対応したくない案件であればやらなくていい。そんな心持ちで部下に接するようになりました。そして、命令ではなく相談という形で部下に業務を依頼し、ストレスを溜めない配慮をするようにしました。

6 話の聴き方と伝え方を変えると短時間で意思疎通が可能になる

◆対応者を見分ける3つの要素

対応者が顧客の無理難題を上司に相談するとき、いったん電話を保留にします。私は保留時間の目安を3分としていました。

例えば対応者が顧客と20分間話し、保留にしたとしましょう。対応者が顧客の相談内容と希望、経緯を上司に伝えるには約2分間に要約しなければなりません。それを聴いた上司は、1分間で考えて次に行なうべき内容を的確に指示します。

ですから上司は、「聴く」「伝える」ことに長けていなければなりません。

そこで大切なのは、対応者の「個性」「知識」「スキル」の3つの要素に注意することです。

①「個性」

ここで言う個性とは、日頃から何を得意として、どのような考え方を持っているかです。とくに文系と理系では視点や話す内容が異なってきます。**文系タイプには伝える内容をイメージ**

させるようにします。これに対し**理系の者には、理詰めで**内容を伝えます。

例えば、みかんを連想させたいとしましょう。

文系の者にはイメージを優先して伝えるため、こんな感じで説明します。

「コタツで食べるくだもの」

文系には理屈で説明するよりも、このように聞いてパッとイメージできるように説明します。

これに対し理系の者には、数式で証明するように、こんな感じの理詰めの説明をします。

「和歌山県と愛媛県が名産の柑橘類のくだもの」

こう話すことで的確に短時間でアドバイスを伝えることができます。

②「知識」

人によって持っている知識や知見が異なります。例えば対応者が、「パソコンをディスプレイに接続するにはどのようにすればいいですか？」と相談にきたとしましょう。

知識の幅が狭い者には（知識が少ないため、接続方法がわからない）、

「D-Sub15ピンのケーブル接続が多いね。種類が多いので購入時に販売店と相談してもらうように伝えてね」

と答えます。

知識の幅が広い者には（知識が多いため、数多い選択肢のなかから何を選べばいいかわから

ない）、

「今の時代、どのようなインターフェイスでも接続できるよ。購入時に相談してもらったほうが的確な仕様のケーブルが買えるよ」

となります。

このように、部下の知識に応じて対応することが大切です。

③「スキル」

スキルと言っても漠然としていて、とらえづらいかもしれません。そこで、まず相談時にメモとペンを準備しているかどうかを見てください。確認した内容を書き留めるかどうかは別にして、**スキルに対する向上心が高い者は、必ずメモとペンを準備している**ものです。それは、確認したことを忘れないように、あとで見直すためです。このような者には、少し突っ込んだ内容の話をします。

「個性」や「知識」で補えない場合は、顧客に話す文言を一言一句書き取らせ、機械的に顧客対応を行なわせます。この場合、対応者自身には、「この回答で、なぜ顧客が納得するのか」理解できないことが多いでしょう。しかし、何度か繰り返すうちに、徐々に顧客が納得する理由がわかってきます。

これに対し、メモとペンを準備してこない者は、その場しのぎの相談に終始し、二度、三度と同じ相談にくるでしょう。「今後はメモとペンを持ってきなさい」と指導しても、おそらく書き留めることはしないので、ムダなアドバイスになります。

この者はその程度、と見限ったほうが効率的で、お互いにストレスを溜めなくてすみます。しかし、そうした者であっても、後々モチベーションを向上させることができれば改善されます。

◆簡単で単純な言葉に置き換えて説明する

ここでは、例として「個性（文系と理系の違い）」「知識の幅が狭い広い」「スキルが高い低い」で区別しましたが、もっともっと区別する必要があります。例えば、「男性と女性」「年代別」「血液型」等といった区分です。

人はまさに千差万別です。大切なのは、対応者が相談時にどのような伝え方をしていて、どのような言葉が理解できているのかを察しながら、繰り返しアドバイスを行なうことです。そうすれば必ず当たりどころが見つかります。

本項では対応者の違いについて3つの要素をあげましたが、アドバイスのしかたにも注意しなければならないことがあります。

それは、余計なひと言を交えないことです。余計なひと言を加えると、それだけで対応者に意図がまったく伝わらないばかりか、その後、対応者が混乱し、説明が耳に入らなくなってしまうことがあります。

このことを、先のみかんの説明の例で見てみましょう。

文系の者に、「コタツで食べるくだもの」と説明したあとで、「最近は食べる人が少なくなったようだけど」とつけ加えると、「みかんではないのかも」と勘ぐってしまい、混乱させることになります。

また理系の者に、「和歌山県と愛媛県が名産の柑橘類のくだもの」と説明したあとで、「銘柄は意識しなくてもいいよ」と伝えると、「銘柄まで意識しなくてはいけないのか」と考え込んでしまいます。

こうしたことは「余計なひと言」です。

要は、簡単で単純な言葉に置き換え、絶対にくわしく説明しようとしないことです。

7 1ヶ月前の本人と比較し、努力を評価する

◆成果第一主義ではセンターは運営できない

おそらく多くの上司は、口ではこう言っているでしょう。

「努力すれば、結果は必ずあとからついてくる」

「努力する人間が好きだ」

ところがその一方で、内心ではこんなふうに思っていたりします。

「やっぱり素晴らしい成果を出す部下が欲しいし、好きだ」

結果がすべてのビジネス。努力のいかんに関係なく、素晴らしい成果を求める気持ちは大いに理解できます。事実、利益をもたらす営業部や開発部署には、結果を出す（出しそうな）者が配属されます。

しかし、俗に「利益を消費する部署」と呼ばれているサポートセンターやお客様相談窓口には、優秀と言われる人材はなかなか配属されません。だからこそ、各自が創意工夫して日々努力し続けるしかないのです。ですが、必ずしも努力と結果は比例しません。

血のにじむような努力をしても、結果を残せない者もいます。その反面、要領よく振舞い、そこそこの結果を出す者もいます。このような部署で成果第一主義に走れば、一部の者を除き、多くが落ちこぼれになってしまいます。

また、成果を求めれば、優秀な者に業務が集中して負荷が大きくなってしまいます。それに伴って経験値に徐々に差ができ、優秀な者はますます優秀になり、そうでない者の進歩は遅れていきます。こうして優秀な者なくしては成り立たないセンターになってしまいます。

ところが、優秀な者ほど短期間で職場を去る傾向にあります。優秀な者がいなくなると、たちまち対応品質も生産性も急降下します。これでは安定してセンターを運営できません。だからこそ成果（結果）で判断するのではなく、努力で判断するのです。

◆「○分だけお時間をいただけますか？」のひと言

では、その努力ですが、結果で判断できない以上、何をもって努力をしたかを評価する基準をつくらなければなりません。その基準をひと言で言うならば、「比較すること」です。しかしこれは、他人と比較する、という意味ではありません。**過去の本人と比較する**のです。

私は、個々の部下を「1ヶ月前と比較」しました。個々人がいかに1ヶ月前と変わっているかを比較し、それを評価基準にしました。

なぜ1ヶ月前と比較するのか？　日々、リアルタイムに環境が変化するコールセンターでは、

2ヶ月もたてば状況はまったく別ものになり、同じ基準での評価は意味をなさなくなるからです。また、短期間での大きな成長は期待していません。些細な変化でかまわない。それを見るためには、「1ヶ月前と比較する」程度のスパンが望ましいのです。

そして、継続的で小さな変化が、1年後には大きな変化につながることを期待します。大切なのは**「些細な変化の継続性」**なのです。

次は何を重点的に見て評価するかです。知識であれば得意不得意があるし、記憶力の優劣によっても差が出てきます。しかし、それではいけません。

日常対応時には、マニュアルに書かれていない（書けない）対応が必ず起きます。上司はそれに対して多くの「注意」や「アドバイス」をします。しかし、それは簡単なひと言ですませることが多いでしょう。時間をかけて説教することもできますが、それでは生産性が落ち、お互いが嫌な気持ちになるからです。だから、たったひと言ですませるのです。

例えば、操作手順がわからずに困っている顧客に対し、対応者が操作の手順をていねいに説明していたとします。ところが、ていねいに説明しようとするあまり、対応時間が長くなって、顧客から「もう結構です」と言われて電話を切られてしまいました。

そんなときは、対応者に長々と注意するのではなく、こうアドバイスします。

「『〇分だけお時間をいただけますか？』と承諾をいただき、そのうえで詳細に説明するといい」

そして、1ヶ月後にアドバイスしたことが実行できているかどうかをモニタリングでチェックします。

・実行できていれば改善された

・実行できていなければ改善の意志なし

と判断します。

改善されていれば1ヶ月前より評価を上げますが、改善されていなければ評価を下げます。その後も改善の意志がなければ、もうアドバイスはしません。ただし、再度同じ問題が起きたら、前件と合わせて厳しく指摘するようにします。

もしも対応者が、顧客との友好な関係と円滑なコミュニケーションを望むのであれば、このたったひと言、すなわち、「○分だけお時間をいただけますか？」だけでも伝えられるようになっているべきです。

このひと言を伝えられていたら、同じ問題が発生しても、プラスの評価をすべきです。

要は、問題が発生したかどうかですべてを評価するのではなく、**顧客のことを想い、大切にしたい気持ちがあるかどうかで判断する**のです。1％でもそう変わろうとする、努力する姿勢を大切にしなければなりません。

4章

メソッド❸

顧客に満足を提供する対応力でアウトプットする

1 対応者に立場を理解させ使命感を明確にする

◆「会社は顧客をないがしろにしている」という誤解

コールセンターに配属が決まり、新人研修を受け始めると、対応者はすぐに上司や先輩からこう言われます。**「顧客の立場になって」**と。

この言葉は耳にタコができるほど聞かされるでしょう。そして、いざＯＪＴに入ると顧客への共感が深くなっていき、やがて過度の感情移入をするようになります。すると顧客の声に接し、こんな思いが芽生えてきます。「会社はこんなことくらいできるだろうに。なぜ断るのか」。要するに、企業姿勢を疑問視する機会が増えてくるのです。

その回数が増えると、それまで聞かされてきた「顧客の立場になって」という言葉が建前に感じられてきて、やがて顧客をないがしろにするような企業姿勢と、顧客を大切にしたい気持ちの落差が徐々に大きくなり、葛藤し始めます。その葛藤に堪えられなくなると、感情が破綻して退職するか、要領よく調子のいい対応をする対応者になっていきます。

ですから、「会社は顧客をないがしろにしている」という誤解をまず解かなければなりません。

この誤解が解けないと、クレーム対応を避けるために、その場を取り繕うような場当たり的な対応をするようになるからです。

例えば、こんなことを言うようになります。

「○○ですので様子を見てください」「○○を試して改善しないなら再度ご連絡ください」

このように、1回のやりとりですませるワンストップの対応を行なおうとしなくなるのです。

◆顧客を欺く対応は会社への反感の現われ

残念ながら、このように作為的に顧客を欺く対応は非常に発見しにくいのです。対応履歴にも入力されず、入電時には立腹していた顧客も、一時的に調子のいい抽象的な（誤解を与える）対応に納得してしまうので、クレームには至りません。

しかし、顧客の心の中にある不満を解消できたわけではありません。それが発覚するのは、顧客がこう言ってきたときです。「前回の担当者が……と言っていた」。こう言われて過去の通話記録を検証し、初めて前対応者が「場当たり的な対応をしていた」ことが発覚します。

発覚すると、前対応者のなかには、無気力に「マニュアルに書かれていた（いない）ので……」とマニュアルを盾に正当性を訴える者もいます。そこには顧客対応マニュアルに対する反感と、企業側への批判がにじみ出ています。別の言い方をすれば、「改善して欲しい」「仕事が面白くない」「クビになってもかまわない」といった感情の現われなのです。

しかし、反発が強い者ほど、誤解を解き大切に育てれば、顧客の想いを汲み取ることができる優秀な「人財」に成長します。本意は「顧客に喜んで欲しい」のです。だからこそ大切に育てなければなりません。

まずは絶対に避けて通れない「立場」の説明からです。たとえ一社員にすぎなくても、顧客の目には、対応者は会社の代表者として映っています。対応者の一言一句は**「会社の言葉」として顧客に伝わっている**ことを説明しなければなりません。

その上に立って、対応者の希望を聞くのです。その際には、対応者の言うことをメモし、傾聴することです。ここで間違ってもコーチングしようとしないことです。コーチングしようとすると、詰問になりやすいからです。

◆対応者の希望を聞くときの注意点

上司から詰問されると、対応者は責められていると感じ、上司に話すどころか口を閉ざしてしまいます。何かを話すとしても、それは見かけ上のことで、決して納得しているわけではありません。そのような事態になると被害妄想を抱き、二度と聞く耳を持たなくなります。

「問題を解決するのは対応者自身ではなく、あくまでも上司なのだ」。このスタンスを崩してはいけません。もし解決するのが不可能な案件だったら、しっかり納得を得られるまで不可能な旨を伝えて理解させる必要があります。

共感できる改善点があれば、検討する旨を伝え、期日を区切り、結果を伝える意志を明らかにします。その際には、「いつ」『誰に』『どのように』など5W1Hを明確にして伝えることです。またメール等の文面に残せればなおいいでしょう。

ここで、注意しなければならないことが3点あります。

①「しかたがない」は禁句

顧客対応を行なっている対応者は、上司のあなたにしか相談できません。その上司が「しかたがない」と言ってすでに諦めていたら、顧客のためにCSを向上させ、「もっと『ありがとう』が欲しい」「感謝されたい」「感動させたい」と強く願う部下を育成できません。

顧客の心を動かしたいのであれば、決して諦めの言葉を口にせず、上司自身が周囲の人間や部下の心を動かす術を身につけるべきです。

②部下との約束は守る

上司に相談した部下は、上司からの連絡を心待ちにしていますが、多忙な上司に自ら確認しにいく勇気はなかなか出ません。だからこそ、忘れないように上司から出向き、部下にきっちりと伝えなければなりません。

約束を守れば信頼に値する優秀な上司と見なされますが、守らなければ調子のいい無能な上司と見られます。部下に「約束を守れ」と望むのであれば、上司が手本を見せるのは当たり前のことです。

③客観的な「立場」と「責務」を意識させる

顧客から見たとき、対応者は企業側の人間であるのは当然です。そして管理者が会社の方針に沿って対応者を管理・指導・指示し、顧客の相談内容について最終決定をします。

管理者の指示・命令を守るのが、部下である対応者の責務です。そしてどのような事態を招こうとも、顧客に対しては会社が全責任を負い、部下（対応者）の問題は上司（管理者）が全責任を負います。そのための会社組織である旨の説明を行ない、対応者の「立場」と「責務」を常に意識させておかなければなりません。

この3点に留意したら、次に「部署の立場」を明確にすることが大切です。

◆「立場による責任」と「言葉遣い」を明確に

私が在席していたコールセンターは、基本的に直販を行なわない、メーカーのお客様相談室（サポートセンター）でした。この点が他のコールセンターと異なっています。

通常、多くのコールセンターは受注・販売機能を持ち、顧客から受注したり、クレーム発生時には返品受付までできます。最悪の場合、解約、法廷処置まで可能です。

これに対し、私が所属していたコールセンターは、「購入相談にはのれても販売はできない」部署でした。ですから「問題が起きても対応はできない」のです。

例えば商品の購入相談で、「この機種は、○○に使えますか」と聞かれたとしましょう。もし不確実でも使える可能性が高ければ、営業トークでひと言、「おそらく大丈夫です」「大丈夫だと思います」「使えないとは聞いておりません」と答えるでしょう。こうした対応は間違いではありません。

しかし、この返答を聞いた顧客の耳には「大丈夫」としか伝わっていません。そこで顧客が購入し、万が一、利用できない最悪な事態になったときには、通常のコールセンターならば特別対応として返品してもらい、自己（自社）解決も可能です。

しかし、このような対応が私のいたコールセンターではできなかったのです。ですから営業職出身者がよくするような、あいまいなトークは禁止しなければなりませんでした。要は、「おそらく」「思います」「使えないとは聞いておりません」といった不明確な表現は避ける、ということです。

この点についてしっかり教育しなければ、コールセンターとしての存在意義（信用）がなくなると考えました。

具体的には、「立場による責任」と「言葉遣い」を明確にすることです。

◎「立場による責任」とは

商品を製造し、提供している会社としてプライドを持ち、どこよりも多くの正確な情報を顧客に伝えなければなりません。「誤った情報提供」と「誤解を与える情報提供」は等しくメーカーとしての信頼を失墜させます。またトラブル発生時には、責任を持って問題の解決にあたらなければならない、ということです。

しかし、当部署が直接、問題を解決することはできないため、同時に販売店および関係先の協力を得なくてはなりません。そうしないと、当部署の信用・信頼が低下してしまいます。

◎明確な「言葉遣い」とは

抽象的な表現を避けて、メーカーの対応者として、一言一句に責任を負う覚悟で顧客と会話をしなければならない、ということです。そのため、根拠のない「YES」「NO」の判断を行なわず、正確な事実のみを伝えて、誤解を与えずに顧客に判断を委ねます。

◆リスクヘッジか、売上げ優先か

この点を踏まえると、例えばこんな表現になります。

「弊社としては確認ができておりません」

「ご利用になられているお客様もおられるようですが、詳細はわかりかねます」

「規格上問題ないようですが、動作保証はいたしかねます」

いずれも否定する表現になっていて、営業を経験された方からすれば「お堅い」と言われそうです。しかし、メーカーの信頼を維持し、何よりも顧客および販売店にも迷惑をかけないようにするには、一個人としてではなく、メーカーとして見解をはっきり提示しなければなりません。

これに対し、問題解決の裁量が与えられ、主に売上げを重んじるコールセンターであれば、セールストークは必要不可欠でしょう。

不確実な情報を、「リスクヘッジを優先させて、否定ベース」で伝えるのか、「売上げを優先させ、肯定ベース」で伝えるのかは上司の判断次第です。

新人の導入研修の時点から、当部署はどちらにどの程度、舵を切るのかを明確にして、業務に慣れさせておかなければなりません。

もし慣れないまま新人がＯＪＴに入ってしまうと、個々で対応のしかたが異なり、企業としての統一性が保てなくなってトラブルが増え、顧客の信頼も失墜してしまうでしょう。

2 個性を軸とした「知識・スキル・表現力」は身につけただけでは対応に矛盾が起きる

◆「正確な情報」と「わかりやすい説明」

対応者の個性を重視する件についてはすでに述べましたが、顧客対応に慣れてきたときに、個性があだになることが増えてきます。

例えば、**「専門用語の多用」「プライド」「顧客に優しくなれない葛藤」**などです。これらが芽生えてくると、対応に矛盾が生じることがあります。

コールセンターに問い合わせてくる顧客は、老若男女、実に様々です。今では少ないでしょうが、パソコンを購入し、こんなことを言ってくる顧客もいました。

「Aのキーがない！　欠陥品だ！」

ところが、よく聞いてみると、単にAのキーを見つけられなかっただけだったりします。信じられないかもしれませんが、今でもこれに類した問い合わせが寄せられます。

このようなお客様から機能増設の相談をされて、「インターフェース」や「増設ボード」の話をしてもまったく通じません。それどころか、かえってCSを下げてしまう結果になります。

これがまさに「知識バカ」の対応です。

対応者がパソコンにくわしければくわしいほど、親切心で多くの正確な情報を提供しようとします。しかし顧客には、自慢げに話しているように聞こえるのです。また多くの情報が伝えられるあまり、消化不良になり、不快感を抱く顧客もいます。

対応者が「抽象的な表現」を避けながら、端的により多くの正確な情報を提供しようとすると、専門用語が増えます。逆に、専門用語をわかりやすく説明しようとすると回りくどくなり、何を伝えたいのかぼやけてしまいます。

こうして、より親身に対応しようとする、知識が豊富な対応者ほど、「何を伝えて、何を伝えなくてもいいのか」の取捨選択に迷い、悩むようになります。

◆「例えば」で端的に伝える

このような対応者には、ひと言でイメージや結論などを伝えるように指導します。効果的なのは「例えば……」で伝える表現です。

これを、例で示してみましょう。

今、誰かから、「どこかにおいしいお店はありますか?」と聞かれたとしましょう。

そのときに、食通でいろいろなお店情報にくわしい人が、親身になって相談に応じようとしました。そして善意からこんなふうに言ったとします。

「まず、おいしいのは『お店』でなく『料理』ですよね。人の好みは千差万別で……」

たしかに親切なのでしょうが、相談した人からすると非常に面倒に感じられます。相談者の苦い顔が目に浮かぶようです。

こうしたときは、単純に「例えば、肉料理であれば○○駅前の……」と紹介するだけでいいのです。相談者が魚料理を希望してきたら、「魚料理では、△△商店街の……」という具合に答え直します。相談者がそれ以上話を聞きたくなければ、「ありがとう」で終わります。

こうした対応ならば、相談者は面倒に感じず、自分の知りたい情報を得ることができます。

このことを先のパソコンの機能増設を希望している顧客にあてはめてみましょう。あまり踏み込みすぎず、こう答えればいいのです。

「例えば、USBとかいろいろとむずかしい仕様があります。実際に商品を手に取って、販売店様に相談されたほうがいいですね」

こう案内すれば、パソコン初心者の顧客も安心します。

◆プライドをかけた論争はやがてクレームになる

多くの顧客に対応しているうちに、対応者は徐々に自信をつけてきます。それに伴いモチベーションも上がり、知識をさらに増やしたくなります。それはいいことです。しかし知識を追うことに夢中になると、顧客に「ありがとう」よりも「すごい」と言われたい思いが芽生え始めます。

これは対応者としては誤った感情であり、自信過剰なプライドにつながります。そして顧客から高圧的に「私は○○の専門家で……」などと言われ、自分の知見と異なる話をされると、ついプライドが顔を出し、「それは違いますね」と意見を言いたくなってしまいます。

専門家としての意見や見解の相違をぶつけ合うような、議論や争論はコールセンターの業務ではありません。お互いが上げた拳を下げなければ、時間と労力を浪費するばかりでCSも低下します。そして、やがては「上司を出せ！」とクレームに至ります。

案内すべき内容以外のことであれば、「そのようなご意見もございますね」と受け流せばいいのです。内容に沿った話であれば、「弊社では、このように案内をさせていただいております」と顧客の主張を曲げずに、自社の主張を述べるに留めることです。

それによって顧客に「素人だな」と思われてもかまいません。落としどころのない議論に時間と労力を消耗し、CSを落とすよりはずっといい対応です。

対応者は決して驕らず、「すごい」と言われるよりも「ありがとう」を言われる、大きな器量を身につけなければならないのです。

◆「常識的」なクレーマーへの対応

対応者は「お客様のため」に日頃努力し、「ありがとう」と言われたいと願っています。しかし顧客のなかには、「どう考えても理不尽だろう」と思えるクレーマーもいます。そうしたクレーマーの多くは、自分には悪意はなく常識的（正義）だと思っているから非常に厄介です。そのような顧客には、いくら真摯に対応しても、「常識」の基準がずれているので焼け石に水です。そんな案件に数件対応すると、段々と顧客に尽くすモチベーションが削がれていきます。その結果、最初の想いに反して機械的な対応ですませてしまおうと考えるようになります。

感謝されることを仕事の励みにしてきた者がモチベーションを失い、単調で機械的な対応に嫌気がさすようになると、やがて退職を考えるようになります。

顧客を大切したいという情熱を持った対応者を、退職に追い込むのはもったいないことです。だからこそ、対応者には以下のことを伝えておくべきです。

- お客様の反応は様々であること
- 単に「ありがとう」の数を増やそうとは思わないこと
- お客様の反応や感情に左右されないモチベーションと覚悟を持つこと
- （プライドを持たずに）揺るぎない自信を持って対応すべきこと
- 「内なる感情」を表に出さずに、どのように伝わるかを意識しながら対応を行なう演出力が必要なこと

永遠に情熱を持ち続けるのは不可能です。だからこそ、燃え尽きる前に一度立ち止まらせ、**プロフェッショナルとは何か**を教え、その目標を示すことです。

3 「おもてなし」なんて言葉は不要。無意識の心配りが常態化しているのが当たり前

◆私の考える「おもてなし」の姿

「おもてなし」の心については先に触れましたが、私が実際にセンターを運営していたときには、「おもてなし」という言葉は使ったことはありません。私が考える「おもてなし」とは、もてなす側が主張するものではなく、もてなされた側が「察する」ものです。

ですから、そこには「もてなす」「もてなされた」といった直接的な表現はなく、互いがほほ笑み合うコミュニケーションがあるだけです。ですから、今まで「もてなせ!」「これがおもてなしだ!」などと教えたことはありません。あえて言うならば、**顧客への「心配り」こそが「おもてなし」の基本**と考えます。

「おもてなし」には2種類あります。

ひとつは今主流になっている、豪華絢爛で創意工夫の演出を凝らした「おもてなし」。さかんに「『おもてなし』しています!」とアピールする「おもてなし」です。私は、これは「おもてなし」ではなく、単にサービスの延長線上にある演出だと考えます。

もうひとつは、「おもてなし」と気づかれない「おもてなし」です。それは「気がつけば、そこにある」ものです。例えば、メモを取りたいと思ったときに、ふと気がつくと右側にペンとメモ用紙がある、といった具合です。左利きであれば左側にある。「わざわざ用意したとは気がつかずにそうなっている」という感じです。たったそれだけです。

これならお金もかかりません。『おもてなし』しています」と訴える必要もなければ、相手に気を遣わせることもありません。とはいえ、これは口で言うほど簡単ではありません。

こうしたおもてなしを可能にするには、顧客の過去の履歴を調べ、あらかじめ顧客の行動を予見し、先回りしなくてはならないからです。予見どおりにならないこともあるでしょうし、多くの労力を要することもあるでしょう。しかし、そこには再度、顧客の行動を予測しながら準備する喜びがあります。それが私の考える「おもてなし」の姿です。

◆「お客様の仕事に支障が出ないように」という心配り

こう言ってもイメージがつかみにくいかもしれないので、少し踏み込んだ例で示しましょう。

お客様から「製品がエラー表示になって動かない」との問い合わせがありました。

これに対し、コンセントの抜き差しを案内して改善しましたが、そこに至る過程で次の情報を収集しました。

・お客様はその製品をお店で使用している
・お店の営業時間は10〜17時
・木曜日が定休日

問い合わせをいただいたのが火曜日だったため、下記のような案内をしました。

「コンセントの抜き差しで、いったんは改善しております。しかしお仕事でご利用であれば、まず早期の点検をお勧めします。明日、水曜日中にご検討いただき連絡をいただければ、木曜日の対応が可能です。

お仕事に支障が出ないように弊社も全力で対応させていただきますので、ぜひご検討ください。もしご希望であれば、確認のために明日の17時過ぎにこちらから連絡を入れさせていただきますが、いかがいたしましょうか？」

この案内に対し、お客様が「検討して連絡する」旨を伝えてきたため、それを対応履歴に記載しました。そして翌日、お客様より入電があり、他の担当者が対応しました。

お客様は昨日、問い合わせた内容を説明し、明日の点検を希望されました。対応者は、前日の対応履歴を参照し、案内した内容を確認し、点検を承りました。

しかしこれだけでは不十分です。なぜなら、もし点検結果が思わしくなく、製品が使えなくなった場合、お客様は困ってしまうからです。そこで現地対応者にお客様から得た情報を連絡し、お客様の仕事に支障が出ないように、代替機持参の必要性を連絡しておきます。

そして翌日の木曜日。

「故障箇所は特定できましたが、部品が準備できないため代替機を設置しましたので、修理完了まで代替機をご利用ください」

と現地対応者が対応したのです。

こうした対応が「おもてなし」です。顧客のことを予見した心配りが、無用なクレームを未然に防ぎ、CSを向上させ、対応時間も短縮させる結果になるのです。

このような対応を常態化させれば、何も特別に「おもてなし」などと言う必要はありません。すべて「お客様のため」です。「お客様のため」を考えれば、水が流れるようにスムーズかつスマートな対応が望まれます。あえて言えば「紳士的な対応」です。

そして時間がたち、やがてお客様は「もてなされていた」ことに気づく。そのとき、さり気ない奥ゆかしさに感動し、それがお客様の心に残る、と私は信じています。それが日本の美徳だと思います。

4 文系の人には文系の言葉で、理系の人には理系の言葉で話す

◆文系と理系の会話の違い

本書内で私は、「文系」と「理系」とタイプ分けしました。対応者と顧客間でこの問題で対立すると非常に厄介なことになるので、この項でくわしく説明しておきましょう。

ひと言で言えば、「文系」と「理系」では、お互いが言っている意味が理解できないのです。対応者が顧客のスタンスに合わせるべきですが、それがむずかしいのです。

例えば顧客から「開梱したら商品に傷があった」と言われたとします。そのときの文系と理系の考え方を示すと、こんな感じになります。

文系の顧客……「傷の大小にかかわらず交換だろう。交換するべきだ」と感情や要望、結論を前面に出す。

理系の顧客……傷の幅、長さ、大きさ、場所を伝えて交換の手間やプロセスを考え、そのうえで要求を判断し、伝える。

文系の対応者……「傷の大小にかかわらず不良品は不良品。交換対応するべきだ」と考える。

理系の対応者……「交換対応も可能。その前に本当に傷なのか？　詳細を教えてほしい」と考える。

この場合、「文系の顧客」に対し「理系の対応者」、「理系の顧客」に対し「文系の対応者」が言葉を選ばずに対応を行なうと、こうなりがちです。

◎「文系の顧客」と「理系の対応者」の場合

顧客「商品を開梱したら傷があった。交換して欲しい」
対応者「もうしわけございません。それでは傷の詳細を教えてください。どのあたりにどの程度の傷がありますか？」
顧客「なぜそのようなことを確認するんだ？　傷の状態で対応が変わるのか？　顧客を信用していないのか？」

◎「理系の顧客」と「文系の対応者」の場合

顧客「商品を開梱したら傷があった。右側に深く5センチ程度で気になるのだが」
対応者「もうしわけございません。それでは交換の手配を取らせていただきます」
顧客「その前に、詳細を聞かなくてもいいのか？　第一『交換して欲しい』とは言っていない。もっと人の話をよく聞いてくれよ」

◆「失敗を学ばせるための管理」で経験を積む

こうしてクレームに発展します。

一見すると、どちらもスマートな対応に見えますが、対応者の何気なく放ったひと言が顧客の癇に障り、クレームになったのは事実です。意表を突かれた対応者は、顧客が「豹変した」と感じ、顧客を悪者扱いしがちです。しかし、顧客が「豹変」するにはそれなりの原因があるのです。それが「理系」と「文系」のものの考え方・とらえ方の違いです。

前記のようなケースでは、すでに顧客は対応者を「相談者としてふさわしくない」と判断しているため、速やかに対応者を交代し、お詫びをしたうえで、第三者的立場で事情と要望を聞きながら対応を行なうのが最善です。

では、このような状態をいかに回避するかですが、**無防備にとっさに発するひと言を止める**ことです。ところが残念なことに、これは学んでもなかなか防げるものではありません。場数をこなし、経験を重ねるしかないのです。

この例を見て、「たったこれだけのことでCSが下がってしまうのか」と頭を抱える人もいるでしょう。だからこそ前章で述べたように、部下を見守り、「失敗を学ばせるための管理」手法が必要になるのです。

顧客に怒られ、原因を考えて、どのようにすればよかったのかを学ぶことで、無防備なひと言を止めることができるようになるのです。

5
章

メソッド❹

顧客との対応履歴を残す力、読み取る力を教育する

1 顧客対応履歴（CRM）は唯一の成果物と考える

◆対応履歴に入っている様々な情報

コールセンターの顧客対応で、もっとも大切な業務が対応履歴（CRM）の入力です。日々、「顧客（お客様）の身になって……CSを向上させろ！」と号令をかけていると、どうしてもトークにばかり目がいきがちです。しかし、対応履歴なくしてCS向上は不可能と言っても過言ではありません。はっきり言えば、対応履歴をしっかりと管理できないシステムでは、顧客の管理（マネジメント）は絶対に不可能です。

CRMには多くの情報が入ってきます。例えば、次のような情報です。

- **顧客の個人情報**
- **顧客の動向**
- **顧客の好き嫌いやこだわり**
- **入電動向**

・**家族構成**

実に様々です。なかには顧客や対応者さえも気がついていない情報も多くあります。もし、コールセンターの管理者で、「そんな情報は知らない」と言っている者がいたら、CMS（コール・マネジメント・システム）やCRMを見直したほうが賢明です。

◆わずかな情報が手がかりになる

例えばこうです。

顧客に折り返し電話をかける際に、2種類以上の電話番号を教えられたとしましょう。仮に、自宅電話番号と携帯電話番号とします。2種類の電話番号を持っているのには理由があるはずです。ですから、2つの電話番号の使い分け方を確認します。それにより、用途別の使い方がわかるし、どちらを優先して電話をかけているかもわかります。

次に自宅電話番号であれば、市外局番から大まかな自宅場所を特定することができます。携帯電話であれば、状況により契約地域やキャリア等の情報を得ることが可能です。

さらに自宅に電話した際に、問い合わせ者本人以外の方が出たら、独り暮らしではないことがわかりますし、電話に出た方によって家族構成の一部がわかります。

このように、たとえわずかな情報であっても、そこからいろいろなことがわかります。問題はこのわずかな情報からの広がりに気がつくかどうかであり、そのわずかな情報がCRMに残っているかどうかです。

◆事前に情報を提供することで新たなクレームを防げる

実際にこんなことがありました。

クレームを寄せてきたお客様が、「直接、サービス拠点に持ち込むからもう結構！」と電話を突然切ってしまいました。そのお客様はかなり怒っていたため、お住まいの都道府県さえも教えてもらえませんでした。

何も知らないサービス拠点に突然クレームが持ち込まれたら、新たなクレームが発生するのは必至です。拠点側も対応に苦慮するでしょう。お客様も再度、状況を説明しなければならず、ご迷惑をおかけすることになります。

困った……。そのとき、お客様の市外局番から、お問い合わせ元の地域を特定することができました。そこで、その地域に隣接するサービス拠点および主要販売店に、個人情報を除いたお客様の情報（顧客像・争点・対応手法）をＦＡＸで提供しておきました。そして、このお客様が訪問された際には、連絡をもらえるように伝えました。

後日、予想どおり、お客様は、サービス拠点を訪問しました。そこで事前に情報が伝わっていないと思っていたお客様は当センターとの一件を話され、さんざん苦情を言いながら修理依頼をされたそうです。しかし、あらかじめ情報を提供されていたサービス拠点では、戸惑うことなくお客様の言い分をスマートに承り、対応できたとのことです。

仮に当センターに落ち度がまったくなくても、顧客が苦情を言っているのであれば、あえて反論せずに「注意しておきます」と対応します。これで顧客の心の拠りどころをつくり、会社としての前向きな姿勢を顧客に示すことができます。

◆「勘」は大事だが過信は禁物

ここではわかりやすく市外局番を例にとりましたが、例えば携帯電話から聞こえる音声以外の音で駅名等々の気になる情報がわかったら、それも履歴に入力しておくことです。

様々な情報が入力されていれば、顧客の行動パターンやモラルなども解析が可能になり、起きた状況の把握と、これから起こり得る問題の推理が容易になります。それにより、対策（対処法）を立てることも可能になるのです。

何でもかまいません。ささやかな根拠でもかまいません。とにかく顧客への心配り（心配）をしたときに感じた「気になる点（勘）」を記入（入力）する癖をつけさせることです。

私が考える「勘」とは、多くの経験で身についた感覚です。それは理屈抜きに大切な情報だと考えています。実際に人の「勘」は正しいことが多いのです。窮地に陥ったとき重要な情報となり、意外な効果を発揮することもあります。勘を侮っていけません。

しかし、過信は禁物です。「正解ならばラッキー！　誤っていてもＯＫ！」程度に留めて参考にすることです。
ただしこの勘ですが、入力には少し注意が必要です。それを以下に記します。

・「事実」と「勘」を明確に分ける

顧客が発した「事実」と「勘」の部分を、誰にでも明確にわかるように記載しなければなりません。なぜなら、こちらから「事実」を確認するのはかまいませんが、「勘」の部分を伝えてしまうと顧客は自分が探られていると気づき、不快感を持つとともに、今後の対応に注意を払い出すからです。

「勘」の部分というのは、例えば、「○○駅で電車待ち中」とか、「自宅で男のお子様とTVで野球中継を観賞中」というように、顧客から直接得た情報ではなく、対応中に対応者が感じた事柄です。

最初の対応者でも、引き継いだ新しい担当者でも、そうしたことを顧客に伝えてしまうと、顧客はもうそれ以上何も言わなくなり、真意を知るのが困難になります。こうして争点と論点が見えにくくなって、妥協点を導き出すのが困難になり、CSを向上させるのがむずかしくなります。

・「勘」の根拠の入力が必要

「勘」で得たことの根拠の入力が必要です。例えば、「○○駅のアナウンスが聞こえ、急いでいる様子」「TVの野球中継の音声が聞こえ、『パパ』と言う男の子の声が聞こえたため」といった内容が記載してあれば客観的な信頼性が上がり、周囲からも重要な情報として取り扱われます。

また、まったく客観的な根拠がないこと、例えば「何かしら急いでいたから」とか、「TVの音と子供の声が聞こえた感じがしたから」といった事柄であれば、その旨の入力が必要です。信頼性は劣りますが、顧客の人物像を知るベースにはなります。

・率直に表現する

とくに根拠のない「勘」を入力する際に、対応者が自分なりに客観性を考えて表現を模索しようとすると、後に読んだ者と感じ方に食い違いが生まれ、誤って伝わりやすくなります。ですから、体裁をつくろってわかりやすく記載しようとするのは避けましょう。

例えば、自分の考えに従って率直に書くと、「何かしら急いでいたようだから、○○駅で電車待ち中だと判断」となるところが、これではあいまいだと考えて客観性を出そうとすると、「急いでいたため、○○駅で電車待ち中」となります。

すると、これを読んだ者は、「根拠なき心情的事柄」ではなく、「事実」としてとらえる可能性が高くなります。こうなると、書いた者と読んだ者とで感じ方が違ってしまい、誤った情報として伝わるかもしれません。

と言って、率直なほうがいいからと記入が乱暴すぎると、対応者自身の感受性に疑問が抱かれるばかりか、人間性まで疑われる危険性があるので、それも避けたほうが賢明です。

「○○駅のホームで大声で話していて不機嫌。急いでいたのは遅刻しそうだったのかもしれない」といった記述をすると、あまりに見方が一方的で、対応者の人間性が疑われてしまいます。

このように、事実と抽象的な部分が入力された情報は、顧客ごとにメンタル面（気持ち）を満たす、対応のカスタマイズ化に非常に役立ちます。

またそれらの情報がビッグデータとなり、解析することで商品およびサービスのニーズを把握することが可能になります。そして個々の顧客の心をとらえることで、現在の顧客と見込み客の心をつかむことが可能になります。

だからこそ、ＣＲＭの入力は絶対的に重要で必要不可欠なのです。単なる「対応の履歴を残す」ことに留まっている会社は、システムの見直しをお勧めします。

2 的確な顧客対応履歴を残すたったひとつのルール。「書いていないことは聞いていない」

◆**最悪なのはひと言履歴**

対応履歴を残すのは対応者にとっては非常に面倒な作業です。音声を文字化する作業には手間と時間がかかるからです。

1日あたりの対応件数で優劣が評価される部署では、入力作業にとられる時間を最小限に留めようとして、より速く端的に入力したいと思ってしまいます。すると重要な情報が削られ、**最悪の場合、「○○を案内（説明）」のひと言履歴**になってしまいます。

再び「開梱したら商品に傷があった」という入電の例で見てみましょう。

対応履歴には「交換を案内」とたったひと言。さて、これを見て、それまでの過程が想像できるでしょうか？　例えば、

・傷の位置や大きさの確認の有無

・クレームの有無

・交換の案内に対する心情的反応

といったことがわかるでしょうか？　まったく不可能です。

しかし、もし次のように記載されていたらどうでしょうか？

【対応履歴】

「傷の位置や状況はご立腹のため、確認できず。お詫びし、商品交換を提案。本日早急に弊社発送にて3日以内に到着の旨を説明。交換品到着後に同封の封筒の返送をお願い。ご了承をいただく。その他、不明な点があれば連絡いただきたい旨も案内」

この対応履歴を参考にして、読者の方も自身で他の書き方をぜひ考えてみてください。きっと十人十色の文章になるはずです。

◆的確な対応履歴を残す重要性とは

しかし、次のように「傷の位置や状況はご立腹のため、確認できず」の文章が抜けていたらどうでしょうか？

【対応履歴】

「お詫びし、商品交換を提案。本日早急に弊社発送にて3日以内に到着の旨を説明。交換品到着後に同封の封筒の返送をお願い。ご了承をいただく。その他、不明な点があれば連絡いただきたい旨も案内」

この文章では、**傷の位置や大きさを確認したのかどうか**は読み手にはまったく伝わらず、勝手に即時交換を判断したように受け取れます。このようなとき、対応者にいちいち「確認したの？」と聞いていたらタイムロスが大きくなります。また対応者は、「わからなかったら聞きにくるから」と気が緩み、完全な対応履歴を残す必要性を感じなくなります。その結果、ＣＳに大きな影響を与えてしまいます。

ですから、このようなときには「確認していない（聞いていない）」と断定し、「なぜ確認しなかったのか？」と厳しく注意する必要があります。

ことの重大さを知らない対応者は、安易に「書き忘れただけなのに……」と考えるでしょう。だからこそ、この一文の重要性をしっかりと説明しなくてはならないのです。それは毎日、毎回でもかまいません。そのために対応件数を減らしてもかまいません。

顧客とのやりとりの唯一の成果物である**対応履歴をきっちりと残せないのは、いわば仕事をしていないのと同じ**と判断してもいいのです。この成果物が対応者を守り、部署を守り、会社を守り、ひいては顧客のＣＳを向上させ、売上げ増加へと導くすべての源となるのですから。

3 履歴で対応力のレベルがわかり、権限委譲のタイミングもわかる

これまで述べたことで、対応履歴の重要性はおわかりいただけたと思います。

そして対応履歴には対応者の能力が必ず反映されます。ここでは、対応者の次の3つの点について見てみましょう。

・商品やサービス、そしてCRMの構造とあとの対応者がどのような動き方をするかの**「知識」**
・どのように動けば、あとの対応者が動きやすいのかを考え、プロセス化する応用力の**「スキル」**
・顧客やあとの（関係部署を含む）対応者が動きやすいように伝えることができる**「表現力」**

再度、「開梱したら商品に傷があった」例で考えてみましょう。

◆「開梱したら商品に傷があった」ケースの対応例

「傷の位置や状況はご立腹のため、確認できず。
話の状況により、箱を開けた時点で右側（上部）に目立った傷を見て商品を取り出さなかった様子。お詫びし、早急に対応させていただく旨を説明のあと、商品交換を提案。

本日、弊社発送にて3日以内に到着の旨を説明。交換品到着後に同封の封筒の返送をお願い。3日後に商品の到着確認のため、連絡を入れさせていただく旨のご了承をいただく。その他、不明な点があれば担当○○まで連絡いただきたい旨も案内。お客様からの入電時には、○○まで連絡をお願いします」

◆対応履歴に「知識」「スキル」「表現力」がどのように活用されているか

この対応履歴を見て、「知識」「スキル」「表現力」がどのように活用されているか、お気づきでしょうか？　順序立ててこの履歴をひも解いてみましょう。

「傷の位置や状況はご立腹のため、確認できず」

◎まず、入電時に顧客が立腹していることがわかります。

「話の状況により、箱を開けた時点で右側（上部）に目立った傷を見て商品を取り出さなかった様子」

◎顧客からのクレームを傾聴しながら、絶妙なトークで、抽象的ながらも発見時の状況を聞き出すのに成功しています。→**「表現力」**

◎これは本当に傷なのかどうかを判別する重要な情報源になります。なぜならば、不良品ではない許容範囲の傷を、顧客が不良品と決めつけてクレームを申し出ることも多いからです。返品された商品が不良品レベルの傷だったのかどうかを判断するには、位置の特定が必要不可欠です。

また開梱時の情報がなければ、開梱時の商品の状態がわからず、傷の場所も推察できません。

↓**「知識」**

さらに商品を取り出していないのは、自ら傷をつけたと疑われたくないという意図と、顧客の非常に残念だった思いが察せられます。↓**「スキル」**

「お詫びし、早急に対応させていただく旨を説明のあと、商品交換を提案」
◎顧客の心情を汲み取り、お詫びし、早急な対応をさせていただくことで、引き続き当社商品をご利用いただきたい想いを伝えています。↓**「表現力」**
「本日、弊社発送にて3日以内に到着の旨を説明。交換品到着後に同封の封筒の返送をお願い」
◎マニュアルに従った案内ですが、顧客の心情を察し、早急な対応を行なっている旨を強調して、「本日に発送」を伝えています。また、さらなるクレームを回避するため、延着も見据えた確実に到着する日も案内しています。↓**「表現力」**
「3日後に商品の到着確認のため、連絡を入れさせていただく旨のご了承をいただく」
◎今から手続きを行なった場合に、余裕を見て3日後には商品が到着する旨を案内しています。
↓**「知識」**
◎表向きは商品が無事に到着した（約束を守った）かの確認の案内ですが、万が一到着した商品にも同様の傷があればさらに大きなクレームになります。そのリスクを考えて顧客からの入電を待たずに、あえてこちらから確認の連絡を入れる旨を伝えて、顧客の怒りを最小限に留めるための案内としています。

万が一、その時点で同一の傷を指摘されたときには、当社として、良品である旨を毅然と説明しなければなりません。また明らかに「購入商品」と「送付商品」に大差があった場合には、再度ご迷惑をおかけした旨をお詫びしなければならない意図もあります。↓**「表現力」**

「その他、不明な点があれば担当○○まで連絡いただきたい旨も案内」

◎顧客を安心させるために、気軽に連絡していただきたい旨の説明をしています。↓**「スキル」**

◎この案内をした責任の所在がどこにあるのか、自信を持って明確に伝えています。↓**「表現力」**

「お客様からの入電時には、○○まで連絡をお願いします」

◎万が一、顧客から入電があったときの対応担当者を明確にするとともに、後の対応者に顛末を知るために連絡が欲しい旨を示しています。↓**「スキル」**

このように対応履歴では、「知識」「スキル」「表現力」によって顧客に対する配慮を示すとともに、その裏側にある「社内的配慮」「リスクヘッジ」「自信」が読み取れるようにすることです。

こうした全体を見据えた対応履歴が書ける対応者には、潮が満ちるように少しずつ、重責を感じさせないように権限を委譲してもかまいません。

4 履歴を読む力の向上は、情報の「なぜ」を知るところから始まる

◆疑問を感じ、想像しながら結論まで行き着く力

ここでは顧客対応履歴を読み解く力に目を向けてみましょう。

例えば、こんな疑問を抱いたことはないでしょうか？　風邪で熱が高いときには頭を冷やせばいい、これはいわば常識です。では、なぜ体ではなく、頭を冷やすのか？　大切なのは**疑問を感じ、答えを知りたいという知的探求心**です。

対応履歴について言えば、他の対応者の対応履歴を見たときに、「なぜ顧客が右側と言っているのに左側を確認させたのか？」「なぜ一足飛びに結論を導き出せたのか？」「なぜ禁止されている提案を行なったのか？」と疑問を抱くことです。そして、仮説を立てて自分なりに正当性を導き出します。

このように疑問を感じ、想像しながら結論まで行き着く力が、他の対応者の対応履歴を読む力（読解力）につながります。ＯＪＴ直後の未熟な対応者は、ベテラン勢のこの読解力を知ることで成長していくのです。

◆顧客のムリな要求に対応する例

対応履歴を入力する際には、最低限の約束があります。それは、後々の参照者すべてが理解できるように書くことです。しかし未熟な対応者には、なかなかむずかしいことです。

このように言ってもわかりづらいでしょうから、例題を使って示しましょう。それでも多くの方々は「なぜ?」と疑問視するかもしれません。

【例題】

顧客は当社のパソコンで使用するマウスを他社から購入。しかしうまく使えないとのことで当社に入電。事情を確認すると、当社より先にマウスメーカーに問い合わせている。そして、トラブルシューティングや設定確認のあと、「パソコンに問題がある」と返答され、その後、当社に入電した。当社でもまたトラブルシューティング等を行なうがまったく問題なし。そこで「再度マウスメーカーに問い合わせを案内」する。すると顧客は、タライ回しにされていると感じ憤慨。両社間での問題解決を強要され、クレームに至った。

たしかに顧客の気持ちや言い分は理解できます。お金を支払って購入したものが使えなかったら、購入した意味がないからです。きっと「使えないならお金を返して欲しい」と思っているに違いないでしょう。

しかし企業側にも言い分があります。両社ともメーカーとして動作の保証を行なっているわけではありません。また、顧客が自分の思い込みで適合しない商品を購入したのであれば、顧客自身の落ち度でしかありません。

顧客は「動作確認情報＝メーカー保証」と思っているようですが、問題が発生するつど、メーカーが動作確認を行なうのは不可能です。

もし動作確認情報を流したら、その瞬間から、どのようなアップデートでも問題が発生しない旨の確認作業を、メーカーが未来永劫行なわなければならなくなります。要は顧客にとってみれば、「動作確認情報＝メーカー保証」と同様の位置づけとなってしまうのです。

しかし、顧客の期待を裏切れば、信頼が失墜し、クレームが続出する危険性も考えなくてはなりません。

ですから、今回の相談内容はお断りしなければなりませんが、「悪いのはあなた（顧客）です」とも言えません。また、今は個人情報の取り扱いが厳しいため、安易に顧客情報をマウスメーカーに伝えて対応相談や依頼をすることもできません。仮に依頼したとしても、当然ながら気持ちよく承ってもらえないことは容易に想像がつきます。

そこで履歴にはこう書きます。

【対応履歴】

「両社とも現在、動作確認および保証を行なっていない旨を説明。両社間の協議の希望は、お断りするが納得されず。お客様の情報をいただき、マウスメーカーへお伝えすることを了承のうえ、いったん連絡する旨を説明。折り返し連絡させていただく旨を案内し承諾いただく」

この対応履歴を読んだ方のほとんどは、「ムリだ！」「なぜこんな約束をするのか？」「もっと状況を考えろ！」と思うでしょう。当然です。無理難題を承ったかのように見えるからです。マウスメーカーに連絡して相談しても、門前払いされるでしょう。

ですが、何も困ることはありません。すべて想定どおりです。その後の結果を、ありのまま顧客に伝えればいいのです。そうすれば顧客は当社の努力に納得して、しぶしぶながらでも了承してくれるでしょう。

◆顧客に「れっきとした事実」を伝える

さてここで、「なぜ、ムリとわかっていながら顧客の要望を承り、顧客はその結果に納得してくれたのか？」を読み解いてください。正解を言ってしまえば、こういうことです。

「単純に顧客の望む行為を行ない、単純に事実を伝えたから」

たったこれだけのことです。もう少しくわしく説明しましょう。

先に述べたように「両社間の協議はムリ」という前提は何ら変わりません。ですから全面解決はムリです。ならばいかに顧客を納得させるかです。ムリを承知で顧客の要望を承り、当社はマウスメーカーに連絡する。そして断られました。しかし、顧客の要望を断ったのは当社ではありません。これはれっきとした事実です。だから当社には何も落ち度はなく、顧客も当社の行動に誠意を感じ、納得したのです。

おそらく顧客は、その後、マウスメーカーに連絡し同じ内容を伝えるとともに、当社の対応についても話すでしょう。もしマウスメーカーに推察力の高い対応者と管理者が在席していれば、手ぐすねを引いて入電を待ちかまえているでしょう。

その結果、残念ながら顧客はマウスを使えない現実を知り、諦めざるを得なくなるでしょう。

この対応履歴は最終的にこうなります。

「両社とも現在、動作確認および保証を行なっていない旨を説明。両社間の協議の希望は、お断りするが納得されず。お客様の情報をいただき、マウスメーカーへお伝えすることを了承のうえ、いったん連絡する旨を説明。折り返し連絡させていただく旨を案内し承諾いただく。マウスメーカー連絡先：〇〇-〇〇〇-〇〇〇〇の△△様へ連絡。顧客情報とご要望を伝えて相談。対応不可との回答。承諾。

顧客へ連絡。マウスメーカー様より対応不可との返答を伝え、弊社ではこれ以上の協力は不可の旨を説明。ご納得いただく」

これを見て、「なぜ顧客の要望を承ったのか？」「なぜ顧客は納得したのか？」「なぜその後、入電がないのか？」を読むことができれば、顧客対応履歴を読み解く力があると言えます。

5 スキルが高い対応者ほど「内容・背景・心情」が短い文章で描写されている

◆ひと味違う対応履歴とは

顧客対応履歴を入力する際に、先の4項で示した履歴のような、事実をそのまま記した記述でも問題ありませんが、より高度なスキルを持つ対応者の記述はひと味違っています。それは、**背景と心情が端的につけ加えられている**ことです。それでさらにCS向上の足がかりとなり、その後の対応までも変化させます。

再度、「開梱したら商品に傷があった」例で見てみましょう。

「傷の位置や状況はご立腹のため、確認できず。話の状況により、箱を開けた時点で右側（上部）に目立った傷を見て商品を取り出さなかった様子。お詫びし、早急に対応させていただく旨を説明のあと、商品交換を提案。本日、弊社発送にて3日以内に到着の旨を説明。交換品到着後に同封の封筒の返送をお願い。3日後に商品の到着確認のため、連絡を入れさせていただく旨のご了承をいただく。その他、不明な点があれば担当○○まで連絡いただきたい旨も案内。

お客様からの入電時には、○○まで連絡をお願いします」


この履歴でも何ら問題ありませんが、背景と心情についても考えてみましょう。

まず、
・その商品をなぜ購入したのだろうか?
・ご立腹なのはなぜか?
・本当に3日以内の到着でよかったのか?
・大前提の傷は本当にあったのだろうか?
その他いろいろと思い浮かぶでしょうが、ここではこの4点について確認してみましょう。

・「その商品をなぜ購入したのだろうか?」

まず、顧客が「何々のために」と言わなければ、「なぜ購入されたのですか?」と聞きたいところですが、そんな一歩誤れば挑発的ともとられかねないようなことは聞けるものではありません。

顧客の購入意図を探るには、例えばこんな具合に聞きます。

対応者「急がれていますか?」

顧客「急いでいる」
対応者「もしよろしければ、ご事情をお教えいただけますか？」
顧客「以前、利用していた製品が壊れたので……」

このように単刀直入にではなく、ワンクッション置いた傾聴テクニックが必要となります。

顧客が購入した意図がわかれば、「代わりの商品が到着したが、思ったような使い方ができない」等々のリスクを最小限に留めることも可能です。

これを単に「リスクヘッジ」ととらえずに、顧客への「寄り添い」「心配」「思いやり」と思ってください。また顧客から得た情報により、今後の展開が変わってくる可能性もあります。

もし急いでいるのであれば、交換品が届くまで、手元の商品をご利用していただくような案内も可能です。

・「ご立腹なのはなぜか？」

「商品に傷がついていれば誰でも怒るだろう」とのざっくりした見方もありますが、「ご立腹」するには様々な事情と感情が交錯しています。

例えば、「メーカーを信頼し、楽しみに購入した商品が傷物だった」悔しさかもしれませんし、「誰かにプレゼントとして渡して『傷物』だと言われて恥をかかされた」屈辱感かもしれません。あるいは一所懸命働いて稼いだお金で購入し、過大な期待感を寄せていたのかもしれません。

こうした様々な事情を察し共感すれば、対応時の「ご迷惑をおかけしてもうしわけございません」のトーンやスピードも変わり、顧客に伝わる言葉の重さも変化するでしょう。

・「本当に3日以内の到着でよかったのか?」

「マニュアルどおりに商品を送ったら、どんなに急いでも3日かかる」との言い分もあるでしょう。しかし、本当にマニュアルどおりの発送処理でいいのでしょうか?

例えば、メーカーから販売店に交換のお願いを申し出て、当日や翌日対応はできないでしょうか。最寄りのサービス拠点から発送すれば、1日でも短縮できるのではないでしょうか。

顧客の事情を加味して、購入先や地域等の条件が整えば、マニュアルを超越したガイドライン内の対応を模索できるかもしれません。

こうしたことを考慮した対応も可能なのです。

・「大前提の傷は本当にあったのだろうか?」

さて、最後に大前提です。本当に傷は存在していたのか? なぜそう考えるのかと言うと、顧客が「ご立腹のため、(詳細が)確認できず」に得た情報から、想像した記載となっているからです。

このときに、もっともメーカー側が恐れるのが、先にも述べたように、さらなるクレームです。つまり許容範囲内の傷であったにもかかわらず、同程度の品質の品を再発送してしまうと、その商品を見て顧客は再び怒る可能性があるということです。

そのときに、「それは弊社としては良品です」ではすみません。

そのため、顧客が商品を取り出していないのであれば、「交換をお約束いたしますので……一度商品を取り出していただけないでしょうか？」とお願いしてみることです。そうすれば、顧客も安心して商品を取り出して見てくれるでしょう。

さらに、「その程度であれば良品の可能性もありますが、電話だけではわかりかねますので、交換商品と見比べて、ご納得いただけないほうの商品のご返送をお願いいたします」といった対応も可能になります。

◆「内容・背景・心情」が盛り込まれた対応履歴

すると対応履歴はこうなります。

「傷の位置や状況はご立腹のため、**当初は**確認できず。話の状況により、箱を開けた時点で右側（上部）に目立った傷を見て商品を取り出さなかった様子。**お詫びし、交換商品手配の確約のうえ、取り出し確認を依頼。良品の可能性有り。しかし傷が気になるため、交換品と見比べて返送商品を決めていただくように案内。購入先は○○。インターネットで購入。**

明日のご利用を考えて本日購入されたためのご立腹。そのため交換商品到着まで、当商品をご利用いただくようにお願いし、設定を案内。安心していただく。

本日、弊社発送にて3日以内に到着の旨を説明。交換品到着後に同封の封筒の返送をお願い。3日後に商品の到着確認のため、連絡を入れさせていただく旨のご了承をいただき、**状況を教えていただけるようにお願い。**その他、不明な点があれば担当○○まで連絡いただきたい旨も案内。

お客様からの入電時には、○○まで連絡をお願いします。**次回返送期限を案内予定**」

これで顧客がなぜ立腹していて、何を望んでいたのかが明確にわかり、それを考慮した対応が可能になります。

このように対応しなければCSは向上しませんが、とっさの判断と言葉選びは実にむずかしいものです。それを臨機応変に行なえるようになるためには、顧客に寄り添い、見守る勇気と、非情と思われるくらいの冷静な判断がカギになります。

6
章

メソッド⑤

質問力・想像力・提案力で対応時間を短縮する

1

問い合わせから得た情報で仮説を立て、質問で整合性を確認する

◆顧客も問い合わせに緊張している

3章3項でも説明したとおり、顧客に電話をかけるという行為にストレスを感じる対応者は多くいます。実は、それは顧客も同じで、コールセンターに問い合わせをする際には大きなストレスを感じています。発信の決意から始まり、対応者につながるまで、多くのハードルをクリアしなければならないからです。

その過程を示すと次のようになります。

ステップ1：問い合わせをしようと決意する
ステップ2：電話番号を探す
ステップ3：営業時間内かどうか調べる
ステップ4：フリーダイヤルかどうか調べる。通話料を調べる
ステップ5：「きっちりと説明できるだろうか？」という不安や葛藤を持つ
ステップ6：葛藤に打ち勝ち、緊張しながら発信する

ステップ7：IVR（自動音声応答）確認を聞きながら、該当項目があるか不安になる
ステップ8：IVRを無事クリアしても、「ただいま混み合っております。順番におつなぎ……」のメッセージを聞きながらひたすら待つことにストレスを感じる

これら多くのハードルをクリアした顧客に、次に立ちふさがるのが最大の難関の「説明」です。顧客の第一声はたどたどしく、要領を得ないことが多いものです。電話がつながって安堵するとともに、緊張で舞いあがっている状態なので当然です。だからこそ対応者は、この第一声から多くの選択肢を想像して、質問を行なわなければなりません。

例えば、顧客からよくこんな相談が寄せられます。

「インターネットにつながらない」

少し理屈っぽくなりますが、そもそも顧客は、「なぜインターネットにつながらない」とわかったのでしょうか？　まず、この疑問を解消しなければなりません。

そこで過去の対応履歴を参照し、顧客の知識と表現力を見極めて質問をする必要があります。しかし、やみくもに質問しては整合性が取れなくなり、顧客も不信感を抱きます。ですから、質問前に絶対に押さえておくべきことがあります。それは次の3項目です。

①顧客のレベルに合わせて質問できるか？
②なぜその質問をするのか？　顧客からの返答で何がわかるのか？
③次に何を質問するか？

①顧客のレベルに合わせて質問できるか？

顧客のレベルに合わせた質問手法に、「オープンクエスチョン」と「クローズドクエスチョン」があります。

顧客のレベルが高ければ、「オープンクエスチョン」が有効です。例えば、「くわしく状況を教えてください」といった質問です。

こうした抽象的な質問をすると、なぜ「インターネットにつながらない」と思ったのかが明白になり、対応者の想定を上回る最新情報が得られることもあります。

顧客も伝えたい内容をすべて伝えられるので、ＣＳも向上し、対応時間も短縮できます。

しかし、顧客のレベルが低いのにこうした抽象的な質問をすると、迷走した返答が返ってくるだけでなく、顧客に不親切との印象を与えかねないので注意が必要です。

そのときには、**「クローズドクエスチョン」**を用います。

例えば、「Ｗｅｂページは見られますか？」といった**「YES／NO」で返答できる質問**です。ただクローズドクエスチョンでは、顧客のフリートークをさえぎる危険性もあります。また質問以上の情報が得られなくなり、情報の整合性も取りづらくなります。

そのため対応時間が長くなりがちですが、オープンクエスチョンでの迷走した返答を整理するよりは、はるかに効率がよく、対応時間も圧倒的に短くなります。

②なぜその質問をするのか？　顧客からの返答で何がわかるのか？

その次に大切なのが、「なぜその質問をするのか、顧客からの返答で何がわかるか」です。

このケースでの「なぜ」は、「（なぜ）インターネットにつながらないと考えたのか」です。この点を追求することです。

具体的には、「Webページは見られますか？」と質問し、返答が「いいえ」なら、顧客は「Webページが見られないからインターネットにつながらない」と考えているのだとわかります。

これに対し、顧客の返答が「はい」だったとしましょう。対応者の予想していなかった返答です。さあどうしましょう。

ここで絶対に絶句してはいけません。声だけでコミュニケーションを取る電話対応では、絶句したり、考え込んでいることがわかる沈黙は、いわば放送事故と同じです。何事にも平静を装わなくてはなりません。こうした事態に直面しても考え込まないですむように、あらかじめ、③の「次に何を質問するか？」を準備しておく必要があるのです。

このケースであれば、顧客の返答が「はい」であっても「いいえ」であっても、こう言うのです。

「一度、弊社のページを開けてみてください。いかがですか？」

そしてURLを伝え、二重チェックを行ない、顧客から得た情報の正確性と整合性を確認することです。すると4つのパターンが見えてきます。

それをまとめると次ページの表のようになります。

顧客のパソコンの４つのパターン

		Webページは見られますか？	
		はい	いいえ
弊社のページを開けてみてください。いかがですか？	見られる	正常接続	サイトやブラウザの問題
	見られない	オフライン表示 接続に問題あり	接続に問題あり

こうして、原因が次の３つに絞り込まれた

- 正常接続
- サイトやブラウザの問題
- 接続に問題あり

その後のトークスクリプト（台本）は割愛しますが、とくに顧客の知識や表現力が乏しく、クローズドクエスチョンで対応を行なう際には、顧客の言葉の裏づけを取らなければ、途中で整合性が取れなくなり、対応時間も長くなってCSも低下してしまいます。

ここで大切なのは、対応者がこう考えることです。

「誤った情報を提供した顧客に落ち度はない。誤った情報を見抜けなかった対応者が悪い」と。

プロフェショナルであればこう考えるべきです。

2 情報が交錯するときは「事実・仮説・想像」の3ステップで整理する

◆情報を整理する3ステップ

先の項のように十分に注意を払っていても、言葉だけのコミュニケーションには限界があるので、情報が交錯し、整合性が取れなくなることがあります。

そのときには、「事実・仮説・想像」の3ステップを用いれば、簡単に情報が整理できます。

【ステップ1：事実】

事実のみを列記する。そこに一切の解釈や考え、想いを入れてはいけません。あくまでも事実のみの列記に留めます。

【ステップ2：仮説】

すべての事実を列記したあとに、複数の事実を組み合わせて、言葉の意味や解釈、顧客の想いを考えて仮説を立てます。

【ステップ3：想像】

考えられる仮説を列記したあと、複数の仮説と事実を組み合わせて想像をめぐらせ、対応方法を探ります。

ここで大切なのは次の3点です。

・**必ず書く**

・**必ず「事実」と「仮説」と「想像」の工程を分けて考える**

・**発想は自由にする**

まずは、「書いて見えるようにする」ことです。それによって事実と仮説、想像が分けられ、スムーズな発想が可能になるからです。

例えば、顧客からこんなことを言われたとしましょう。

「パソコンにソフトをインストールしたあとに、CD－ROMが消えた！」

［ステップ1：事実］……顧客から得た情報（事実）

・販売店でソフト（CD－ROM）を購入。インストールし正常に起動する

・DVDドライブを開けるとCD－ROMがない

・トレイを出した瞬間に、DVDドライブのアイコンが通常のアイコンになった

・そのままトレイを閉めてもアイコンは変わらない

・今も音楽CDやDVDビデオは正常に再生できる

【ステップ2：仮説】……仮説を立てる

・顧客の勘違い。実はCD－ROMを取り出していて紛失してしまった
・DVDドライブのトレイは出るが、なかにCD－ROMはない
・顧客は明らかにパソコンに問題があると疑っているが、CD－ROMの問題かもしれない
・アイコンが変わる瞬間を見ているので情報の信憑性は高い
・その後に音楽CDが再生できるのであれば、DVDドライブには問題がない

【ステップ3：想像】……想像をめぐらせ対応方法を探る

・やっぱり顧客の勘違い
・パソコン本体を疑っているので、「様子を見てください」とか、「CD－ROMの問題」と言っても顧客は納得しないだろう
・意図的に嘘をついている様子はない。また信憑性も高い
・怪奇現象かもしれない
・点検を行なってもCD－ROMは見つからないだろう

「事実」は顧客寄りとなり、「想像」は対応者寄りでメンタル的要素が強くなります。その間が仮説となります。

そして、「想像」から対応を導き出します。すると、こうなります。

「一度点検させてください。点検後に問題がなければ、そのまま返却させていただきます。この点のみ、何とぞご了承をお願いします」

顧客も怪奇現象的なことを疑っていたため、しぶしぶ了承していただきました。

◆不必要な情報は排除する

ここに不必要な情報があります。それは、「今も音楽CDやDVDビデオは正常に再生できる」というものです。この情報が入ると、問題発生前後に他種のメディアが正常に再生できている状況から、一方は「CD-ROMの問題かも」、一方は「顧客の勘違いかも」とまったく違う方向に進む可能性があるからです。

どちらも困惑する内容です。このことが「顧客サイド」と「修理点検部署サイド」に与える影響を整理すると、次のようになります。


【顧客サイド】

パソコン本体を疑っている顧客に、「消えたのはCD-ROMに問題があります」とまったく意味不明な案内を行なったところで顧客は納得せず、クレームになるのは必至です。

しかし「勘違いでしょう」とも案内できません。ですから、結局、前記の「一度点検させてください……」といった案内に行き着きます。

【修理点検部署サイド】

「他のメディアが正常に再生できているのであれば、わざわざ点検する必要はない。もっとしっかりサポートセンターで対応して欲しい。顧客の勘違いに間違いない。仕事を増やすな！」とクレームが入ることになります。

ちなみに実際は、こうした事態を避けるために、修理点検部署サイドにはあえて、音楽CDやDVDビデオは正常に再生できる旨の情報は伏せて、

「他のCD－ROMでの確認はできず。DVDドライブユニットについてお客様点検希望」と伝えて点検を依頼しました。

その結果、点検時に、見事DVDドライブ内からCD－ROMを発見することができました。

このように、ただ事実を正確に伝えるのではなく、顧客と関係部署の立場と気持ちを汲み取り、双方が納得できる「情報の操作」を行なうことも大切です。それにより無用なトラブルを避けられるからです。

コミュニケーションのプロフェッショナルであれば、こうした配慮もすべきです。

3 「結論・事実・仮説」の順序で理解力を確認しながら提案する

◆顧客の「共感と承認」を得た提案をする

次に提案です。先の項では最終的な案内（結論）が、

「一度点検させてください。点検後に問題がなければ、そのまま返却させていただきます。この点のみ、何とぞご了承をお願いします」

となっていましたが、短絡的にこのこと「だけ」を伝えるわけではありません。実は、このあとに言葉が続きます。それについて見る前に、まずは、対応者からこう言われたときの顧客の思いを察してみましょう。

おそらくこんな具合でしょう。

「『ご了承をお願いします』と言われたって、購入したソフトがなくなっているのだから、了承できるはずがない」

このように、対応者の「ご了承をお願いします」の言葉に反論しようと待ちかまえているはずです。このことは容易に想像できます。ですから、「ご了承をお願いします」のあとに、ひ

と呼吸入れた瞬間に顧客の反論が始まり、不満の声が溢れ出るでしょう。溢れ出た言葉は、拳を振り上げたのと同じです。一度振り上げた拳はそう簡単に下ろせるものではありません。

こうして、少々の説得では事態を収拾するのがむずかしくなります。

ではどうしたらいいのか？

「ご了承をお願いします」のあとに、**間髪入れずに「なぜなら……」と事実を話す**のです。ここで顧客を説得しようとしてはいけません。説得しようとするのではなく、あくまでも事実を話すのです。

ここで求められるのは共感と承認ですが、それは顧客から得た情報（事実）を正確に復唱するだけで十分です。具体的には、前項で示した以下のことを伝えるのです。


【顧客から得た情報（事実）】

・販売店でソフト（CD－ROM）を購入。インストールし正常に起動する
・DVDドライブを開けるとCD－ROMがない
・トレイを出した瞬間に、DVDドライブのアイコンが通常のアイコンになった
・そのままトレイを閉めてもアイコンは変わらない
・今も音楽CDやDVDビデオは正常に再生できる

こうした「事実」を伝えることで顧客は「たしかにそうだ」と共感し、「ちゃんと自分の言っ

たことを受け止めてくれている」と承認された気持ちになります。こうして共感と承認が得られたら、次は仮説です。

しかし、次の内容をそのまま伝えれば必ず角が立ちます。

【仮説】

・顧客の勘違い。実はＣＤ－ＲＯＭを取り出していて紛失してしまった
・ＤＶＤドライブのトレイは出るが、なかにＣＤ－ＲＯＭはない
・顧客は明らかにパソコンに問題があると疑っているが、ＣＤ－ＲＯＭの問題かもしれない
・アイコンが変わる瞬間を見ているので情報の信憑性は高い
・その後に音楽ＣＤが再生できるのであれば、ＤＶＤドライブには問題がない

ですから、顧客の目線に立った仮説を説明しなければなりません。具体的には次にようになります。

・顧客の勘違い。実はＣＤ－ＲＯＭを取り出していて紛失してしまった
↓「お聞きした内容からは、原因やＣＤ－ＲＯＭの行方はわかりかねます」
・ＤＶＤドライブのトレイは出るのが、なかにＣＤ－ＲＯＭはない
・顧客は明らかにパソコンに問題があると疑っているが、ＣＤ－ＲＯＭの問題かもしれない

↓「ＤＶＤドライブのなかから消えたのであれば、ＤＶＤドライブユニットを含めた本体を点検させていただきたいと考えております」
・アイコンが変わる瞬間を見ているので情報の信憑性は高い
↓「アイコンが変わる瞬間を目撃されておりますので、決してお話の内容を疑っているわけではありません」
・その後に音楽ＣＤが再生できるのであれば、ＤＶＤドライブには問題がない
↓「ただ、お電話だけでは、もうしわけありませんが点検以外のご案内ができないのです。本体を拝見して点検すれば、何かわかるかもしれません。ですから点検をお勧めいたします」

◆事実を伝えて提案し顧客の判断に委ねる

ここまでの一連のトークをまとめるとこうなります。

「一度点検させてください。点検後に問題がなければ、そのまま返却させていただきます。この点のみ、何とぞご了承をお願いします。

なぜなら、お聞きした内容から、お電話では原因やＣＤ－ＲＯＭの行方はわかりかねます。ＤＶＤドライブのなかから消えたのであれば、ＤＶＤドライブユニットを含めた本体を点検させていただきたいと考えております。またアイコンが変わる瞬間を目撃されておりますので、決してお話の内容を疑っているわけではありません。

ただ、お電話だけでは、もうしわけありませんが点検以外のご案内ができないのです。本体を拝見して点検すれば、何かわかるかもしれません。ですから点検をお勧めいたします」

ここでは一切説得をせず、可能性を探る（潰す）発言に終始徹底しています。

こうした対応のしかたは、操作案内でも、問題解決の案内でも同じです。クレームに至るまでは**事実を伝えて提案し、最終的には顧客の判断に委ねます**。

こうした姿勢を崩さなければ、川の流れのようなスムーズな対応が可能となり、対応時間も短縮されます。

4 「意見・要望・クレーム・苦情」に分け、対応時間短縮を最大にする

◆クレームを4つのカテゴリーに分ける

ここまでは話をわかりやすくするために、単純に大ぐくりに「クレーム」という言葉を使ってきましたが、実はその内容によって、「意見」「要望」「クレーム」の3つに分けられます。しかし、この3つはなかなか判断しづらいのです。

例えば、「修理代が高い！ これでは修理に出すより他社の製品に買い替える！」と顧客が言ってきたとします。

これはクレームでしょうか？ 意見でしょうか？ 要望でしょうか？

人それぞれによって解釈が異なるのではないでしょうか。

例えばこんな具合です。

・**怒って**言っているのだから**クレーム**
・これは**「高い！」**と言っているのだから**意見**
・「高い！」の意図は**「安くして欲しい」**、だから**要望**

クレームの４つのカテゴリー

	顧客の行為	要求
意見	伝えたかった感情	なし
要望	改善を促す指摘	なし
クレーム	共感できない行為	あり
苦情	共感できる感情	あり

あなたならどう判断するでしょうか。非常に曖昧でもどかしく感じます。

この曖昧さがミスジャッジを招き、誤対応を誘発します。そしてCSを降下させ、対応時間を長くさせる最大の原因となります。

この３つ内容を明確に分けて、ミスジャッジをなくし、正しい対応を行なうには、さらに第４のカテゴリーである「苦情」が必要になります。この「苦情」を加えることで、顧客の言い分の区分けをより鮮明にすることができ、CSの向上と対応時間の短縮が可能になります。

そこで最初に、「意見」「要望」「クレーム」「苦情」の各定義を決めておく必要があります。

顧客の怒りの程度や要求により区別しているセンターが多いようですが、いずれもその区別が抽象的で客観性に乏しいようです。これが曖昧なままだと、あとのVOC（Voice of Customer：顧客の声）のデータ解析も曖昧になり、説得力のない資料となってしまいます。

まずは、「顧客の憤慨時の行為」によって４つのカテゴリーを見てみましょう。

「意見」

瞬間的な怒りで感情的な言動になったが、最終的にこちらの指示に従っていただけて、その後の要求がなく、対応の必要もない行為。

「ご意見として承らせていただきます」と対応し、顧客が納得すれば「意見」となる。

「要望」

「意見」の内容も含みながら、未来に対しての希望を述べる行為。

「もう少し見直さないとダメ。顧客をもっと大切にするべきだ」と未来についてのご意見があれば、「要望」となる。

「クレーム」

対応者が理不尽な要求を突きつけられ、従うように強要される行為。

「修理代なんて払えない。無料にするべきだ」となれば、「クレーム」となる。

「苦情」

クレームと異なり、対応者自身が顧客の心情に共感できるものの、規則として対応できない要求をされる行為。

「ここの部分まで修理して欲しいとは言っていない」となれば、「苦情」となる。

カテゴリー別の対応の違い

	対応の可否	対応速度
意見	改善時のみ対応	状況の判断次第
要望	改善時のみ対応	後々の検討
クレーム	対応要	即時
苦情	対応要	即時

	クレーム	苦情
顧客の行為	共感できない行為	共感できる感情
解析すると	要求	欲求
CSと対応のスタンス	タスクをこなす	メンタル面を満たす

◆4つのカテゴリーでの対応の違い

上の表は4つのカテゴリーの「対応の違い」を示したものです。

つまり、即時対応の必要がない案件は「意見」か「要望」で、即時対応が必要な案件は「クレーム」か「苦情」となります。

「意見」と「要望」は、対応することで問題が改善されるときのみ、その顧客に連絡等のアクションを行なってもよく、顧客の希望に添えないとき（問題が改善されないとき）には連絡を行なう必要はありません。

「意見」の「対応速度」を「状況の判断次第」としているのは、顧客への譲歩（このケースであれば値引き等）にも適用できるようにしているためです。

もっとも作業効率を悪化せるのは「クレーム」と「苦情」ですが、どちらも「即時対応」

クレームと苦情のそれぞれの対応

	判断速度	規則
クレーム（要求）	即決	重視
苦情（欲求）	即決しない	できるかぎり譲歩

が必要です。しかし、その対応方法は「クレーム」と「苦情」では異なります。

そこで、「クレームとは何か？」「苦情とは何か？」をもっと分析する必要があります。

それをまとめたのが右ページの下の表です。

「クレーム」は、顧客が自らの主張を曲げようとせず、要求を押し通す姿勢を崩さないため、いかなる妥協案（提案）もNOとなってしまいます。

ですからむやみに時間を費やし、埋まらない溝を埋めようとしてもムダになるので、**毅然と機械的なタスク処理に徹する**ことです。

「苦情」は、顧客のメンタル面を満たせばCSが向上します。そのため時間を費やし、粘り強く交渉すれば必ず活路を見出せます。ですから**メンタル面を満たす対応が必要**になります。

「クレーム」と「苦情」のそれぞれの対応をまとめると、上の表のようになります。

「クレーム」処理の際には、判断をすべて規則に基づいて即決しなければなりません。なぜならば、時間をかければかけるほど、案件の完了が長引くからです。長引けば作業効率が劇的に落ち、経費もかさみます。

「苦情」対応では、とくにお断りする際に注意が必要です。即決でお断りすると「門前払い」されたと見なされ、さらに溝を深めるからです。ですから時間をかけて粘り強く交渉することです。

それによって結果的に顧客が折れたとしても、対応者（企業）に対する顧客の評価は高くなり、ＣＳは向上します。

様々なタイプのクレームについても、こうした点について留意すれば、誤った対応を行なうことなく、対応時間を短縮し、ＣＳを向上させることが可能になります。

7章

メソッド❻

顧客満足提供と営業活動を意識させずに実現させる

1

顧客満足提供の最大の鍵は二言目。この表現で顧客の印象が変わる

◆第一声の決まり文句を顧客は聴いていない

研修に入ると、最初に発声の練習をします。そのときに行なうのが、オープニングの「お電話ありがとうございます。担当の○○が承ります」の挨拶と、対応終了間際の「ご案内は担当○○でした。お電話ありがとうございました」のクロージングです。

この2つを重視している会社も多いですが、顧客側から見れば形式的な社交辞令に過ぎず、私はあまり気にしていません。

コールセンターに電話してきた顧客は、流れてくる音声メッセージや音楽を聴きながら、対応者を待っています。すると突然、対応者とつながります。顧客は何の準備もできていない状態で、いきなり「お電話ありがとうございます……」という対応者の肉声に接することになります（通常「もしもし」は禁止されているため、対応者は電話に出たら間髪入れずに「お電話ありがとうございます」と言うことになります）。

この対応者の第一声が、CSに大きな影響を与えるとは思えません。クロージングも同じで

す。顧客は用件が終わればさっさと電話を切りたいと思っています。マナーとして挨拶は受けなければ、といった程度のスタンスです。

そのため、対応者の決まり文句は聞き流すだけで、当然記憶に残りません。その証拠に、対応者は1件につきオープニングとクロージングで2回も名乗りますが、顧客の多くは対応者名を覚えていません。これはれっきとした事実です。

◆顧客の心に届く「セカンドトーク」の言葉とは

では、どうすればCSにつながるのでしょうか？

挨拶の第一声ではなく、二言目（セカンドトーク）を重視することです。二言目に**顧客の心に達する「第一印象を与える言葉」を伝える**のです。ただ残念なことに、このトークはマニュアル化するのが非常に困難です。なぜならば、顧客の第一声に素早く反応して、臨機応変の対応が求められるからです。

そこで、顧客の第一声として多いものをピックアップし、それに対応するトーク集をつくっておく、という対策が考えられます。すると、トークは次の流れで進んでいくことになります。

オープニング→セカンドトーク→クロージング。

しかし、本当にこれでいいのでしょうか？　オープニング、セカンドトーク、クロージングという流れに沿って決まった言葉を述べるだけならば、ロボットと同じです。たとえセカンドトークを用意していても、やがて口癖のようになるでしょう。そこには顧客を思う心もなければ、対応者の個性も感じられません。顧客が欲しているのは、決まった台詞ではなく、心からわき出てきた言葉です。

そこで私は、「セカンドトーク集」を廃止しました。要するに、セカンドトークをフリーにしたのです。

すると対応者の多くはセカンドトークの代わりに、「はい」と答えます。日常的に声をかけられたり、質問されたときには、「はい」と答える癖がついているのでしょう。

具体的にはこんな感じです。ぜひ、声に出して読んでみてください。

顧客「ちょっと聞きたいんだけど」
対応者「**はい**」
顧客「○○について、わからないから教えて欲しい」

この会話を耳にしてもとくに何も感じないかもしれませんが、あえて文字にして目で見てみると、どことなく違和感を感じないでしょうか。「はい」を言うタイミングや、「はい」のイントネーションによっては、この時点で上から目線の会社だと感じる顧客もいるのです。

ですから私は、セカンドトークに「はい」を禁止しました。すると、「『はい』のあとに何かしらの文言をつければ大丈夫ではないか？」との意見が出てきました。例えばこんな感じです。

顧客「ちょっと聞きたいんだけど」
対応者「はい。**どのような内容でしょうか？**」
顧客「○○について、わからないから教えて欲しい」

先ほどよりは、顧客と対応者（会社）との距離は縮まりましたが、まだ何か壁を感じないでしょうか。あえて言葉にすれば、対応者が顧客と「対峙」している印象を受けるのです。
では、「はい」を取り除いてみましょう。

顧客「ちょっと聞きたいんだけど」
対応者「**どのような内容でしょうか？**」
顧客「○○について、わからないから教えて欲しい」

◆「はい」の返事は不要

「はい」がなくなると、前のめりで積極的な印象を与えられるようになります。そして顧客との距離感がなくなって、顧客に「寄り添い、支える」感じになります。
これに対し、最初にまず「はい」と返事をするのは、「日本人の礼儀作法だ」という意見もありました。しかし礼儀作法は本来、相手に敬意を払うところからきているのではないでしょうか。そうであれば、顧客が貴重な時間と労力を使い、問い合わせてくれた行為に対し、少しでも早くリラックスできて話しやすい環境を提供してはどうでしょうか。

そのうえで、わかりやすい正確な情報を提供することが、顧客に敬意を持って感謝で応えることになると考えます。参考までに言うと、このことは、ザ・リッツ・カールトンのクラブフロアのアテンドスタッフの対応も同じでした。

「はい」は必要だと考える顧客もいるかもしれませんが、それでも「はい」は不要です。その代わりに、次のようにひと言添えるのです。

顧客「ちょっと聞きたいんだけど」
対応者「どのような内容でしょうか？　**お聞かせください**」
顧客「○○について、わからないから教えて欲しい」

このように、「はい」をなくす代わりに、「お聞かせください」とていねいな文言をつければ、何ら問題はありません。

次に、言葉を知ることです。

以下のセカンドトークを見てください。

顧客「昨日、購入したんだけど」
対応者「**ありがとうございます**」

顧客「子供の合格祝いに商品を探している」
対応者「**おめでとうございます**」
顧客「昨日、壊れたみたい」
対応者「**ご迷惑をおかけしております**」

セカンドトークはまだまだたくさんあります。ここに示したセカンドトークは、ある程度の年代以上の方にはごく当たり前の言葉に聞こえるでしょう。しかし、若い人たちにはそれほど馴染みがない言葉です。ですから、これらの言葉を朝礼やモニタリングのつど、対応者にしつこく伝えました。

先ほど、セカンドトークのマニュアルを廃止したと言いましたが、ここに示したような（一定の年代以上の方には）常識的なトークについては、事前に知っておく必要があります。ですから、あえて対応者にしつこく伝えたのです。

2 すべては「お客様のため」。信頼を築いて買っていただく感謝の営業

◆サポートセンターには多くの営業チャンスがある

1章の6項で説明したように、サポートセンターの多くの対応者は営業行為を嫌います。営業職が嫌いな人が、いくら愛想よく礼儀正しくしても、まったく売れないし、必勝法を教わってそれを実施しても、やはりまったく売れません。

売れないとさらに嫌気が差し、モチベーションが下がり、やがては職場を去っていくことになります。

営業経験のある人なら、この過程を数多く見てきたのではないでしょうか。結局は、心底、営業嫌いの人が営業活動を行なってもムダに終わります。だからサポートセンターでは、「営業」の言葉を禁句にしなければならないのです。

しかし、「サポートセンターにどのような営業チャンスがあるのだろうか」と考える人もいるでしょう。実は、サポートセンターの人間は、販売員や営業マンよりも多くの販売チャンスに恵まれているのです。このように言うと、「え?」と思うかもしれませんが、サポートセンター

には、次のようなチャンスがあります。

・販売目的のセンターではないため、顧客も安心して購入相談ができる
・顧客がお持ちの商品から、当時の販売価格もわかり、事前に顧客の予算を把握できる
・連絡をしてくる顧客は商品の知識があり、しかも商品の選定・購入を決める決定権を持っている人が多い
・家電のような必需品であれば、顧客もその商品の必要性は理解できている
・商品が壊れたかどうかの判断を行なうため、即日に購入を促せる

◆口コミで顧客がどんどん広がっていく

これらのことは、おそらく営業マンの目には、喉から手が出るような絶好のビジネスチャンスに映るでしょう。それほど、営業活動をするには好条件なのです。言い換えれば、顧客との信頼さえ築ければ、何もしなくても売れるのです。

そのキーとなるのが、**営業（商品価値）を意識したＣＳ（顧客満足度）**です。こう言ってもちょっとピンとこないかもしれません。そこで、私のよく行く定食屋を例にしてみましょう。

その定食屋は、日替わりのメニューや値段を店外に一切出していません。しかし昼食時は満員です。それは、一度来店したお客様がおいしい（味と価格で商品価値が高い）と感じ、それを周囲に話すからです。

それが口コミとなって広まり、新規顧客が来店します。そして、来店した新規顧客も感動し、さらにそれを周囲に話します。こうしてリピーターが増え、店はどんどん繁盛していくことになります。

営業を意識したCSというのも、このプロセスとまったく同じです。

◆「すべてはお客様のため」の対応

次は、信頼の築き方です。

スローガンは「すべてはお客様のため」です。だから次のような案内も行ないます。

・他社商品と性能を比較検討される顧客に対応できるように、他社の最新カタログを絶えず入手して研究。顧客の身になり（他社の商品であっても）お勧め商品を案内

・商品と予算と顧客の知識に応じて、お勧めの購入先（インターネット、量販店、電気店等）を案内

・「商品の在庫がなくなった」との声があったら、各販売店や営業に連絡し、在庫状況を調査して顧客に案内

・「手に取って商品を確認したい」という希望があれば、最寄りの量販店や営業に連絡し、展示の有無を確認し、顧客に連絡

・「古い機種だがオークションに出すため、カタログが欲しい」との要望に応えるため、20年

以上前からのカタログの在庫を管理。無償で顧客に送付

・意外に多いのが、ディスカウントショップ等で購入を考える顧客からの「昨年のカタログが欲しい」との要望。これに対応可能な在庫を管理

はたして、このような顧客の要望に対応できるセンターがあるでしょうか? 多くのセンターは対応できず、こんな言葉を連呼しているはずです。

・「お客様サイドでご確認をお願いします」
・「こちらではわかりかねます」
・「古い商品についてはわかりかねます」
・「昨年のカタログはございません。販売店にご確認ください」

これに対して顧客は、

・「連絡してもムダだった」
・「役に立たない」
・「役所みたい」
・「冷たい」

となります。

これでは顧客を迷子にするだけです。おそらく顧客思いの対応者は、電話越しに顧客の残念そうな顔に気がついているでしょう。

これでは対応者のモチベーションも上がらなくて当然です。こうしてCS（顧客満足度）もES（従業員満足度）も落としてしまうのです。

◆クレームを恐れてはインバウンドセールスは成功しない

しかし、こうした対応にはクレームのリスクがつきまといます。

例えばこんなクレームです。

・他社商品の情報のすべてを把握できなくて、ミスアナウンスを行なう
・お勧めした購入先の対応が著しく悪く、そのクレームがこちらにも入る
・商品在庫を調査したが、量販店や営業などを探しても、結果的にどこにもない場合に、顧客よりお叱りを受ける……等々

したがって、インバウンドセールスを成功させるためには、以下の点に留意しなくてはなりません。

・クレームを恐れて提案を行なわないのではなく、覚悟を決めて**「できることを行なう」のが信頼構築の基本**であり、インバウンドセールスの王道であると心得ること

・クレームのリスクは排除するのではなく、正確にリスクヘッジを行ない、コントロールすることに意味がある。これができなければ、インバウンドセールスは絶対に成功しないと知ること

上席者は必ずこの2点を知っておかなければなりません。

笑顔の嫌いな人はいません。だからこそインバウンドセールスを成功させ、「会社」「対応者」「顧客」を笑顔にしなければならないのです。

その原点は「顧客への感謝」です。顧客がいるから「会社」があります。「会社」があるから「対応者」がいます。そして「対応者」がいるから「管理者（私）」がいるのです。

3

ミスを恐がった消極的な言動はＮＧ。積極的に想いを表現すれば必ず伝わる

◆クレーム対応を強いられている立場

営業とサポートセンターでは、トークの内容が大きく異なります。それはまさしく、「攻める」のと「守る」のとの違いです。

例をあげてその違いを見てみましょう。

顧客「この商品を購入すれば、○○はできますか？」

営業「できます」「制限（条件）はありますが大丈夫です」「使いやすくなっています」

このように営業は、１％でもできると考えれば、購入を促すトークをします。

これに対しサポートセンターでは、１％でもムリかもしれないと考えれば、こう言います。

「むずかしい設定が必要となります」「制限によりご希望に沿えないかもしれません」「商品知識の熟知が必要になります」

このように、購入させないトークとなります。

日々クレーム対応を強いられているサポートセンターでは、顧客の要望を100%満たせないかぎりは、積極的に購入を促すことを恐れてしまいがちです。これはやむを得ないことです。しかし、これでは顧客の購入意欲を削ぐことになり、まったく売れなくて当たり前です。

◆購入するしないは顧客の勝手

何度も言いますが、商品が売れなければサポートセンターの存在も危うくなります。

そこで私は、対応者に「売る」「買わせる」を意識させないようにしました。つまり、**「顧客にこのように答えれば買うだろう」と考えさせない**ことです。

それは、率直に「できることはできる」「できないことはできない」と言うことであり、条件や制約があれば、それを伝えるだけです。実に愚直な対応です。しかし、そうすることで、「購入するしないは顧客の勝手だ」と考えられるようになります。

商品を理解していない顧客に、条件や制約を伝えるのは非常にむずかしいことです。言葉で伝えただけだと、購入後に「言った、言わない」の水掛け論になりますし、書面を作成すれば解釈の違いで論争になることがあります。

ですから購入前の段階で、お問い合わせのあった部分の取扱説明書のページをコピーして送ることです。もしも顧客が内容を理解できなければ、送付した取扱説明書を一緒に見ながら案内します。それで納得すれば購入していただけるでしょう。むずかしそうだと感じたり、理解できなければ購入してくれません。

しかし、そこで「購入して欲しい」という想いを持ってはいけないのです。営業であれば、顧客から「購入を見合わせる」と言われたら、様々なセールス手法を駆使して売り込もうとして、それが失敗するとモチベーションは下がるでしょう。しかし、売り込む努力をまったくしないサポートセンターの人間の場合は、モチベーションは下がりません。

◆他社窓口と当センターの対応の違い

もちろん顧客が興味を示したときには、あらんかぎりの知識と情熱で伝えますが、そこには「売りたい」「購入して欲しい」といった想いはありません。顧客の想いに応えられる商品は当社にしかないと思っているので、顧客に「遠回りして欲しくない」と思うだけです。

顧客の希望を聞き、もしも他社商品のほうが優れていると判断すれば、他社の問い合わせ電話番号を調べて伝えますが、その結果はと言えば、多くの顧客が戻ってくるのです。

それは、他社窓口で相談した顧客の多くが、こんな経験をするからです。

・営業攻勢をかけられて恐かった
・購入相談窓口の対応者の知識が浅かった
・希望どおりに利用できるのか、できないのかと問い詰めたら、最終的に「わかりません」と返答された

・いろいろと確認すると、タライ回しにされた
・最終的には「量販店でご確認ください」としか言わない

顧客は他社の対応者の対応力の低さにあきれはて、結果的に当社商品が候補に残ります。

もうひとつ、当センターと他社とでは大きく異なる点があります。他社の購入相談窓口は、購入を促すために営業的なスタンスで顧客に接しがちです。そして多くの営業担当者は、商品を売るのが使命なので、商品の詳細部分には興味がなく知識も浅いのです。

しかし当センターでは、商品サポートの対応者が購入相談も受けることができます。要するに、対応者がそれだけ高度な知識を持っているということです。

ですから当センターの対応者が購入を促すと（営業的に売り込むのではなく、あくまでも購入を促すだけ）、顧客は商品サポートまで行なってもらえると安心し、購入意欲が高まります。顧客にとってはまさに理想的な窓口です。

◆足で稼ぐ営業職はなくなる

その対応者が一所懸命、愚直に顧客に勧める商品が悪いわけがありません。しかもその購入先は顧客の自由です。インターネットでもっとも安い販売店から購入してもかまいません。顧客ニーズに合った商品であれば、これで売れないわけがありません。

最近は、インバウンドセールスという言葉が注目されていますが、他社の購入相談窓口もそれに該当する部署でしょう。

私は営業セミナーやコンサルティングの依頼を受け、こうした話をさせていただいていますが、お陰様で好評を得ています。

私は将来、インターネットで何でも購入できる時代になれば、足で稼ぐ営業職はなくなると考えています。なぜなら自社の商品を高く評価するだけの営業マンは、巧妙な説得法を用いてクロージングに持ち込もうとするからです。それは、結果的に顧客に考える時間を与えずに催眠術にかけるようなものです。こうした手法は顧客に敬遠されます。

だからこそ、面と向き合い「絶対いいものです。買ってください」という旧態依然とした営業手法より、「買わなくてもかまいません。欲しいときにはいつでもインターネットや電話で注文してください」と、顧客に寄り添う営業手法がメインになってくると考えています。

8章

メソッド⑦

上席者への業務報告書は実現性のある提案書にする

1 業務縮小の使命を持つサポートセンター。だからこそ提案しなければ存続する意味はない

◆自ら「センター縮小の方法を考える」ジレンマ

商品のサポートセンターの使命とは何か？

表向きはこうなります。

・顧客の問い合わせに対し、親切ていねいに接し、顧客満足を提供する
・顧客のクレーム等のトラブルに適切に対応し、さらなる拡大を防ぎ、終息させる
・顧客から声を吸い上げ、それに基づき企画立案を行ない、会社の進むべき方向性を指し示す

つまり、会社の信用・信頼を向上させ、顧客に安心を提供し、顧客のための商品開発を行なうこと、これがサポートセンターの使命です。

しかし、それと併行してなすべき「社内的使命」があります。それは表には出ない「裏の使命」と言えるでしょう。その「社内的使命」とは何か？　センターへの経費を抑えるために、問い合わせ件数を減らす施策提案を行なうことです。

言わば「会社のために、自ら人員削減等のセンター縮小の方法を考える」ことです。管理す

る側としては何とも悲しい使命です。

そのために、日々次のことが求められます。

・さらなる顧客満足度を向上させる手段を考える
・1件あたりの対応時間の短縮
・対応者1人あたりの対応件数の増加
・対応履歴入力（後処理）時間の短縮
・現場担当者を動かす際の、情報の正確性向上

さらに、問い合わせ件数を減らすために、問い合わせ内容の解析を行ない、次のことも求められます。

・Webページへの情報掲載の提案
・取扱説明書の記載方法
・商品全般の提案

◆顧客を軽視する企業姿勢

現場でもっとも重要視される、「さらなる顧客満足度を向上させる手段を考える」ことを除き、あとはすべてはお金に関わることです。

「1件あたりの対応時間の短縮」と「対応履歴入力時間の短縮」ができれば、「対応者1人あ

たりの対応件数の増加」が実現し、顧客1人あたりにかかる対応コストが抑えられます。

また「現場担当者を動かす際の、情報の正確性向上」ができれば、むやみに顧客先訪問を行なわずにすみ、現場担当者の対応コストが抑えられます。

さらに問い合わせ件数を減らす提案をすれば、センター内の人員を削減することも可能になります。

極論すればこうなります。

「会社側とすれば、顧客に『安心』をアピールするために窓口は設けるが、できるかぎりサポートセンターに顧客対応をして欲しくない」

ですからパンフレット等の資料に顧客対応窓口の電話番号は載せても、連絡先をわかりにくくしたり、いつ連絡しても話し中になっていたりします。こうしたことに、顧客を軽視して経費削減に努める企業姿勢が現われています。

◆コールセンター運営のむずかしさ

ここで、着呼率や着信率、サービスレベル等と呼ばれている、コールセンターの運営に関わる重要な要素について触れておきましょう。

簡単に言うと、問い合わせがあったら、そのうちの何%に対応するか、ということです。

このように言うと、コールセンターの運営を行なったことがない経営者の多くは、口を揃えてこう言うはずです。

「そんなのすべて100%に決まってる」

しかし、コールセンターには必ず繁閑があります。すべての問い合わせに100%対応するには、「繁」の時期に合わせた対応者が必要になります。すると「閑」の時期には、対応者を遊ばせてしまうことになります。

「閑」時には対応者に雑用をさせる経営者もいますが、そうすると3コール以内に対応できず、現場が混乱し、顧客満足は得られなくなります。

ですからコールセンターの管理者は、費用対効果を十分に発揮させるため、90%（10人の問い合わせのうち9人に対応する）～60%（10人の問い合わせのうち6人に対応する）にKPI（重要業績評価指標）を設定しています。そのようにすれば繁閑の差を抑えられ、費用対効果が上がるからです。

また顧客満足を強固にするために、コールセンターでは顧客の声を解析し、問い合わせ件数の削減方法を営業等、他の部門に提案するのですが、これが非常に厄介なのです。なぜなら改善すべき点があっても、営業等の他の部門が非協力的だからです。

営業や他の部門の人たちは、こう考えています。

「お客様の声を聞くのはいいが、顧客対応窓口（コールセンター）の人間の話は聞きたくない」

◆なぜ、営業部門・技術部門はコールセンターの提案を聴いてくれないのか

なぜこうなるのか。これには理由があります。それは次のとおりです。

・コールセンターの人間は顧客側の立場でのみ主張する
・営業や企画部門がデータ等の根拠を示して反論しても、コールセンター側は「顧客が」の言葉で譲歩しようとしない
・コールセンターの人間は、日々開発に追われる技術者や、暑い日も寒い日も営業に回っている者の苦しい気持ちを理解していないような主張ばかりする
・冬は暖房、夏は冷房のきいた椅子の上で業務をしている部署（コールセンター）の主張や指示は受けたくない
・技術的な事柄、営業的な事柄を説明しても、コールセンターの人間には理解できないだろう

こうした理由から、苦労して解析資料を作成して説明しても、結局「わかった」のひと言でスルーされてしまいます。そして最後には、コールセンターのさらなるコストダウンを求められてしまうのです。まったくの堂々巡りです。

しかし、そうではあっても、コールセンターはこうした取り組みを続けなければなりません。

では、技術者や営業に傾聴してもらうにはどのようにすればいいのでしょうか？　次項からそれを見ていきましょう。

2 最重要項目はサイレントクレーマー対策

◆どのようにサイレントクレーマーが生まれるのか

何度も書きますが、顧客が商品を買わないかぎり、問い合わせもこなければ、サポートセンターに経費が回ることもありません。だからこそ他の部署の人たちに、商品が売れるための提案を行なわなければなりません。そこで私が目をつけたのが、サイレントクレーマーの存在です。

これについては少し説明しておいたほうがいいでしょう。

例えば、こんなケースを想像してみてください。

近所に新しくコーヒーの味を売りにした喫茶店が開店した。

顧客が入店し、おいしいコーヒーを期待して注文。ところが出されたコーヒーはおいしくなかった。顧客は楽しみが一気に残念な気持ちになり、意気消沈。

しかし、店主は誇らしげにしている。

顧客は店主の誇らしげな様子を目にしても、「まずい」「おいしくない」とは言わない。

こうして顧客は不満を胸に納めてサイレントクレーマーとなる。その後、サイレントクレーマーと化した顧客は、二度とその喫茶店に近寄ることはない。
やがて開店時に盛況だった喫茶店は閑散とし、閉店に追い込まれる。
たとえ閉店直前にサイレントクレーマーに気づき、コーヒーの味を変えたとしても、一度失った信用と顧客は戻ってこない。

商品も同じです。誰でもふと気になって商品を手にする機会はあるでしょう。しかし、そのときに何かが気になって手を離したら、その後、二度とその商品を気にしなくなるでしょう。言わばビジネスチャンスが消滅したわけです。

◆「売れる商品」を開発するための提案

このような機会損失を未然に防ぎ、ビジネスチャンスを高めなければなりません。そのために行なう解析について、以下、順を追って見ていきましょう。

【情報収集】……「クレーム・苦情」は氷山の一角。その裏にある「なぜ」を読み解く

「クレームは宝だ」と言われていますが、まさしくそのとおりで、私はダイヤモンドの原石だと考えています。原石を宝にするには、きっちりと加工する必要があります。それにはまず

ハインリッヒの法則

情報収集からです。

ここで**「ハインリッヒ（ヒヤリ・ハット）の法則」**を思い浮かべてみましょう。経験をリスクヘッジに活かすための情報収集が、「ハインリッヒの法則」に類似しているからです。

これは、アメリカの損害保険会社の技術・調査部副部長だったハインリッヒが、労災事故の発生確率を調査した結果から導いたものです。

「ハインリッヒの法則」とは、1件の重大事故の裏には29件の軽微な事故があり、さらにその裏には事故に至らなかった300件のヒヤリ・ハット（危険を感じた）の出来事があるということを示した法則です。

これをクレームにあてはめると、1人のクレームの裏には29人の同案件の苦情が存在し、さらにその裏には300人のサイレントクレーマーが存在することになります。だからこそクレームを重視し、その対処方法を考えるとともに、３００人のサイレントクレーマーを意識しなければなりません。

すでに商品を購入済みのサイレントクレーマーへの対応は、次製品で挽回しなくてはなりません。「次回はもうない」「もうダメだ」と諦めるのではなく、サイレントクレーマーの存在を**「製品を買い換えるきっかけづくり」「顧客への提案のチャンス」**ととらえることです。そこから次の市場が見えてくるのです。このことを意識しながら、「『なぜ』クレーム・苦情になったのか」を考え、情報の収集を行なう必要があります。

【解析】……「通常の問い合わせ」からひも解く二次情報の解析。そこから見えてくる「常識」「むずかしい」「不要」「非常識」の４つの視点

先に書いたように、会社は顧客からの問い合わせを減らし、経費を削減したいと思っています。そのための視点の順位は下記のようになります。

問い合わせがもっとも多いのは、**「使いたい機能の設定方法がわからない」**（左ページの①）です。ですから、それをいかにわかりやすく、使いやすくできないかと考えることです。そこに最大限のパワーを注ぎ込むのです。

次に目を向けるのは、問い合わせはあるが、案内しても「使わない」と言われる機能（②）です。この機能を削れば、当然ながら問い合わせ件数は減ります。

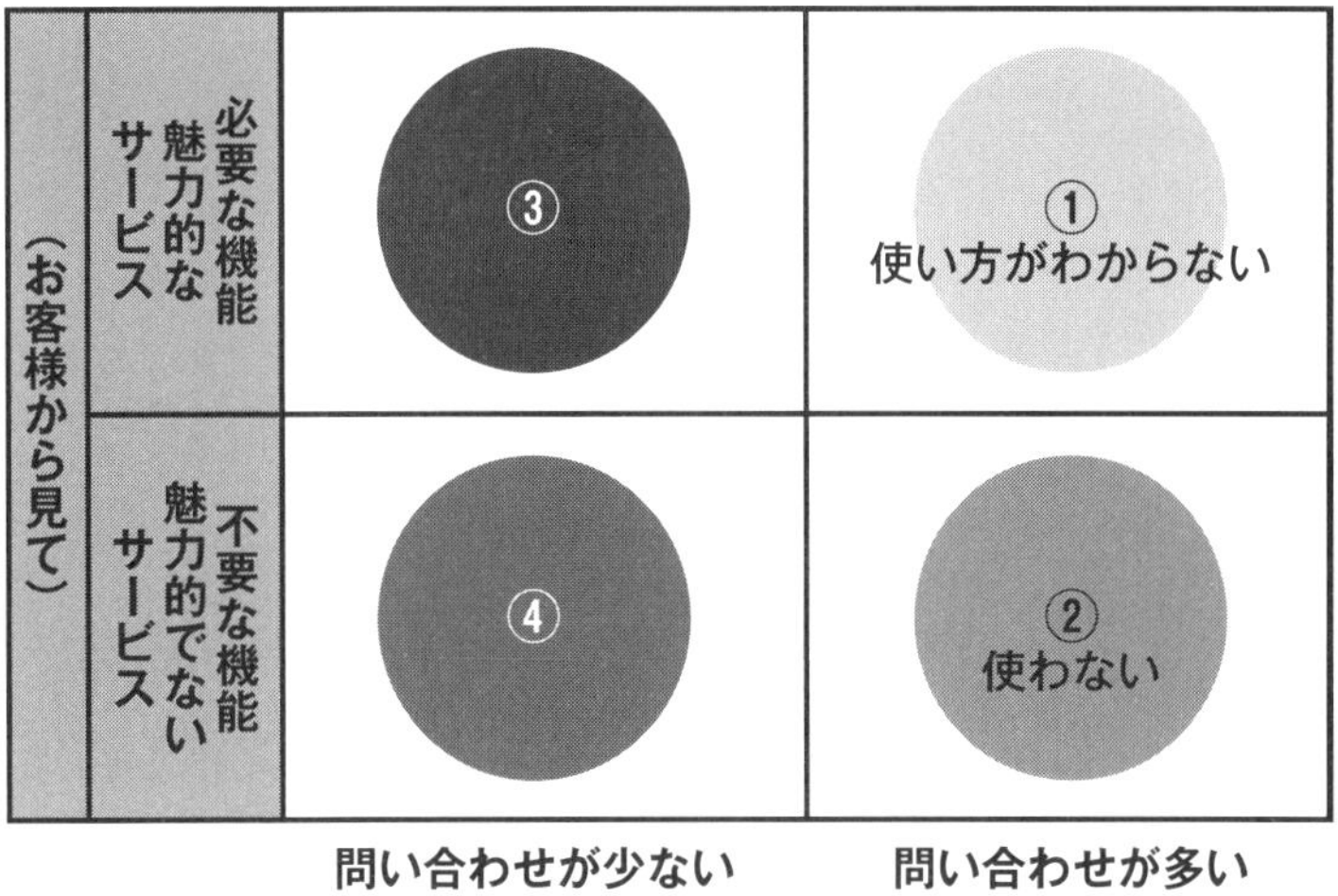

従来はこの2点のみに注視して、そのほかの問い合わせが少ない案件は眼中になく、議論する必要もないと判断されていました。しかし、その見解が明らかな間違いだと気づかされた事件がありました。

それは、上図の③にあたる「必要な機能で問い合わせが少ない」領域で起きました。この領域の機能をコストダウンのために仕様変更してしまったのです。その途端に一気に苦情・クレームが増加し、コールセンターはパニックに陥りました。

くわしく調べると、最大の原因は、長年、リピーター顧客が利用していた領域の機能を変えてしまったことです。この領域は、長年の変わらぬ仕様にリピーター顧客は安心して利用していたため、問い合わせるまでもない領域でした。つまり顧客にとっては、今まで気にも留めずにすんでいた、いわば「常識の領域」だったのです。

（お客様から見て）		問い合わせが少ない	問い合わせが多い
	必要な機能 魅力的なサービス	**常識**	**ユーザビリティが悪い**（むずかしい） （お客様は活用）
	不要な機能 魅力的でないサービス	**不要な機能**	**非常識** （お客様は使わない）

その仕様を変えてしまったため、顧客は苦情・クレームを寄せてきたのです。

この仕様変更は、顧客の視点からは上の図のようになります。

この4つの領域の内容は次のとおりです。

・**右上の領域「ユーザビリティが悪い」**……顧客は使いたいが、使い方がわかりにくいために電話で問い合わせてきた領域。

・**右下の領域「非常識」**……顧客は使えるか使えないかわからないため、問い合わせたものの、結果的に魅力を感じなかった領域。

・**左下の領域「不要な機能」**……一部のマニアック的な問い合わせがあるのみで、魅力的でないので気に留める必要もない領域。

・**左上の領域「常識」**……ここが問題の「顧客からすれば常識」の領域。

苦情・クレームが多発したのは、左上の領域、すなわち「顧客からすれば常識」の領域の仕様を変更してしまったからです。

そのダメージは大きく、サポートセンターの存在を揺るがすほどでした。なぜなら、リピーターはサイレントクレーマーとなり、顧客は当社商品から離れていき、他社の商品を購入するようになってしまったからです。

こうして売上げは落ち込みました。また購入者が少なくなったため、総問い合わせ件数も徐々に低下していきました。しかし、クレームの問い合わせは、以前とは比べものにならないほど増加しました。その結果、電話に出ればクレームのため、対応者は電話が鳴るのを恐れてモチベーションが急降下してしまったのです。

そこで、今後このような過ちを阻止するため、資料作成の優先順位を下記のように変更しました（次ページ図。数字が優先順位となる）。

一番の優先順位を左上①「常識」の領域とします。そして、顧客が常識と見ている範囲はどこかを示し、**変化を起こさせない**ための資料を作成します。

例えば、

「購入前相談。機能○○のお問い合わせ10件。他社商品から買い替えを検討中」

「購入後相談。○○の機能のお問い合わせ30件。構成比3％以下。ただし全顧客利用率構成比30％以上」

（お客様から見て）	問い合わせが少ない	問い合わせが多い
必要な機能 魅力的なサービス	① 常識 （変化させない）	② ユーザビリティが悪い（むずかしい）（お客様は活用） （利用しやすく）
不要な機能 魅力的でないサービス	④ 不要な機能 （状況次第で変化）	③ 非常識（お客様は使わない） （廃止）

その次の優先順位を右上②「ユーザビリティが悪い」の領域とします。①の領域と同じく、**使い方がむずかしいため、それを簡単にするにはどのようにすればいいか、**を提案する資料を作成します。

例えば、

「〇〇の機能のお問い合わせ100件。構成比10%。操作早見表に記載することにより、10%（10件）削減の見込み」

次は右下の③「非常識」の領域です。

顧客が魅力的に思わない仕様については、廃止する旨の資料を作成します。手間をかけて問い合わせに答えても、顧客は魅力を感じず、かえって顧客の不満を煽るため、**廃止**を提案します。

例えば、

「〇〇の機能のお問い合わせ80件。内顧客利用率5%（4件）。お問い合わせに対する利用率が低く、対応時間も平均20分（他の一般平均対応時間15分）と時間を要するために廃止を提案」

最後は左下の④「不要な機能」の領域です。

問い合わせも少なく、廃止や変更を行なうと経費が発生すると考えて、**放置する**旨の資料を作成します。

例えば、

「○○の機能と△△の機能と□□の機能との組み合わせ設定のお問い合わせ1件。それぞれ3機能一体での設定でなくては意味を成さず、顧客も解釈に苦慮しているため、コストに影響をおよぼさない範囲で削除を提案」

こうした資料作成には大変な労力を要します。なぜなら、問い合わせが少ない案件を含み、しかも常識的な範囲内なのか範囲外なのかを判断しなければならないため、従来のキーワード抽出では内容を把握するのが困難だからです。

そのため1件1件、顧客対応履歴の文面を読み解いて資料を作成しなくてはなりません。作業時間は従来の2倍以上かかってしまいます。しかし実行する価値はあります。その苦労の甲斐があり、次機種からは提案書どおりの製品がリリースされ、先のコンサルティング的な営業活動もあって、出荷台数・売上げ・利益が伸び、再び活気のある職場へと変貌しました。

【提案】……すべてはお金。４つの視点＋「コスト」で提案

会社は営利主義で運営されています。ですから、売上げ・利益の向上と経費の削減を望んでいます。これはどの会社でも同じでしょう。

これに対し、コールセンターが追いかける顧客満足度は、目に見えにくく、売上げや利益と直結しにくいものです。ですからよくこう言われます。

「顧客満足の追求には経費がかかり、お金にならない」

それでも、やはりコールセンターの使命は顧客満足を追求することであり、「売上げや利益に直結しないように見えるのは当たり前」と考えるべきです。

ただし、会社が営利主義で運営されているのであれば、コールセンターも、あえて「お金」にこだわる必要があります。

先に見た事例で言えば、こうなります。

例えば、この仕様を廃止すれば、

・構成比○パーセントのため、お問い合わせ件数○件減少の見込み
・お問い合わせ件数の減少により、ＫＰＩの達成率○パーセント上昇の見込み
・上記内容より対応人数○人の削減可能。よって経費○パーセントダウンが可能

このように見込みや可能性を「数字」で示すのです。そして、それを「お金」に落とし込みます。

具体的には、こうまとめて提案します。

「操作早見表への追加転記および機能廃止に伴い、月15件のお問い合わせの削減が可能。15件の削減により、対応者1人／月の削減が可能なため、人件費（経費）○○円の削減可能。現行商品の早見表の内容変更および次機種への反映を要望」

こう提案することで、関係部署は協力的になります。

そして最後に提案の目的を添え、こう断言して締めくくります。

最大のターゲットはサイレントクレーマー。その情報を収集し解析するのは、コールセンターにしかできない業務である。
「商品を企画開発する開発部門」と「アフターサポートを担当する現地サービス部署」、そして「顧客にワンストップで対応し、VOC（顧客の声）をベースに提案するお客様対応窓口」が三位一体にならなければ、対応件数の削減と売上増によるシェア拡大は不可能である。

しかし、本心は別のところにあります。それは、

「売上げが増し、シェアが増し、商品の出荷台数が増えれば、否応なしに顧客からの問い合わせは増え、コールセンターも拡大しなければならなくなる。センターが重要視され、拡大化をはたすためにはこの手段しかない」

ということです。

3 数値化して提案。関係部署を納得させなければ提案は通らない

◆関係部署を説得する報告書の作成手順

他の多くのコールセンターが苦労して作成する報告書（提案書）ですが、残念ながら苦労して作成したにもかかわらず、関係部署の人にはほとんど見てもらえません。事実、コールセンターの人たちから、よくそんな愚痴を聞かされます。

彼らの愚痴に表向きは同情しますが、内心では「そうだろうね」と思っています。つまり、読んでもらえない報告書がそれほど多い、ということです。

では、多くのコールセンターの報告書と私の部署の報告書では何が違うのでしょうか？　それを知るためには、まず会社内の立場を理解する必要があります。

多くのコールセンターが作成する報告書は、VOC（顧客の声）の羅列でしかありません。それを見た他部門の人は、「あなたはどちらの方ですか？（当社の人間ですか？　それとも顧客の代表ですか？）」と言いたくなります。

たとえ報告書が中立的立場の文言で書かれていても、それが顧客のクレーム・苦情をそのま

ま他部署に丸投げしている内容であれば、単に顧客のクレームを訴えるだけの「考えない部門」と見なされてしまいます。

これでは、コールセンターの報告書を見たくなくなるのも当然です。報告を受けた側は、「お門違いである」と考えるのです。それどころか、クレーマー的存在の部署と毛嫌いするかもしれません。それを回避するためには、以下の手順で報告書を作成する必要があります。

・顧客側の立場に立った共感と対応の顛末
・中立（第三者）的立場に立った当部署の意見
・会社側の立場に立った共感と提案

◆営業部門・企画部門（文系）への報告書

この3点を、先に見た「開梱時に傷を発見した」事案で考えてみましょう。

・顧客側の立場に立った共感と対応の顛末

顧客は開梱時に傷を発見し、問い合わせ。早急な当社の対応を求められたため、代替機を送付。

・中立（第三者）的立場に立った当部署の意見

電話では、本当に傷だったのかどうかは不明。返送されてきた商品の確認を担当部署に依頼中。

・会社側の立場に立った共感と提案

同様の問い合わせが月平均20件。顧客の申し出に対しては、本来販売店が対応すべきで、当社対応案件ではないことは承知している。ところが販売店での対応を案内するが、顧客は納得されず。

また修理の案内も納得されない。そのため、当社が代替対応せざるを得ない状態になる。

その場合、対応人件費○○○○円、代替機製品代○○○○円、送返送料○○○○円その他経費を考えたうえ、また返送製品の状態を確認のうえで、部品納入時または組み立て時に検品強化をお願いしたい。

このように、最後は会社側に立ったお金の話にまとめます。

◆理系陣営への報告書

おそらく営業部門や企画部門など、文系陣営にはこのような報告書で十分でしょうが、開発部門の理系陣営はこれだけではまったく納得しないでしょう。納得しない要因は、例えば以下のような疑問に答えていないからです。

・なぜ傷と判断されたのか?
・本当に問い合わせ件数は20件だけなのか?
・多くの対応履歴からの抽出条件は何か?

・機種の傾向性はないのか？
・費用対効果を考えるうえで、平均対応時間はどの程度なのか？
・現状のままで打開策の提案はないのか？

まだまだたくさんの質問が出てくるでしょう。これらをすべて数値で説明しなければ、理系陣営にはまったく響きません。ですから、結論を導き出したプロセスを示し、納得させなければならないのです。

そのためには、以下に示すようなステップを踏んだ追加資料が必要となります（ここからは文系の人には非常に読みにくい内容になりますが、ご容赦ください）。

ここでは、大まかに1ヶ月1万件の問い合わせがあるとします。

ステップ1：対応履歴を「傷」「きず」「キズ」のキーワードで検索。結果100件を抽出。
ステップ2：1件1件目視で対応履歴を確認。商品に「傷があった」との内容が50件。
ステップ3：機種ごとに分ける。A製品10件、B製品15件、C製品3件、D製品5件、不明17件。機種名不明案件は確実性が乏しいためにカウントしない。合計33件。
ステップ4：交換を希望されたのがA製品9件、B製品13件、C製品1件、D製品3件、合計：26件（7件は案内〈対応〉で納得される）。
ステップ5：26件のうち、「販売店様にご相談……」の案内で納得されずに当社対応を希望された件数が、A製品6件、B製品13件、C製品1件、D製品0件、合計：20件。

ステップ6：クレーム対応時間の顧客対応ロスを計算。

平均1人あたりの対応時間1時間。合計20時間の対応。その他の案件の平均対応時間15分。すると（20〈時間〉×60〈分〉）÷15（分）＝80（件）

したがって、20時間あれば80件の通常対応が可能となる。

次にロスを考える。

80（件）－20（件）＝60（件）で、1ヶ月あたり60件の対応ロスが発生したことがわかる。

ステップ7：対応者削減の提案。

対応者1日平均対応件数が20件なので、60（人）÷20（人）＝3（人）

したがって、クレーム対応が0件になれば、理論上、月あたり対応者3人削減しても同じサービスレベルの対応が可能。

さらに送料および代替製品代金を加えれば、出荷前段階の工程にて検品強化するほうが経費削減可能と判断。

これだけ理論的に説明を行なっても放置される可能性は高いでしょう。なぜなら、「誰が」「いつまでに」「何を」「行なう（行なわなければならない）」が書いていない文章は、他人事と受け取られ、聞き流されるからです。

それを防ぐためには、次の一文を加えることです。

「品質保証部の担当○○課長は当提案を精査の上、今月末までの返答を希望」

このように、担当者名を含めた主語をきっちりと記載して、提案の返答を希望するようにします。嫌がらせのように感じられるかもしれませんが、やむを得ません。

なぜなら、理系の人間は往々にして文脈を読めない（あえて読まない）人種であるからです。

だからこそ、「誰が」「いつまでに」「何を」「行なう（行なわなければならない）」を逐一文字化しなければならないのです。

それらを文章化するとこうなります。


1ヶ月間の対応総数1万件。

キーワードで「傷」「きず」「キズ」検索。総数100件を抽出。

目視にて履歴を確認。「傷があった」との顧客からの申告が半分の50件。

機種の傾向性を確認すると、
・A製品10件
・B製品15件
・C製品3件
・D製品5件

・不明17件（不明確および再連絡があり、重複している可能性があるために除外）

合計：33件

交換要求の苦情を申し立てた件数（顧客数）

・A製品9件

・B製品13件

・C製品1件

・D製品3件

合計：26件

当社対応を希望された件数（顧客数）

・A製品6件

・B製品13件

・C製品1件

・D製品0件

合計：20件

【対応傾向表】

平均1人あたりの対応時間1時間。合計20時間の対応。その他の案件の平均対応時間15分。

商品名	A	B	C	D	合計
顧客からの申告数	10	15	3	5	33
交換苦情件数	9	13	1	3	26
当社対応件数	6	13	1	0	20
当社対応案件 対応時間（分）	360	780	60	0	1200

１２００分での通常対応件数を算出。

計算式：１２００（分）÷15（分）＝80（件）

１２００分で80件の対応可能。

対応ロスを算出。

80（件）－20（件）＝60（件）

60件の対応ロスが発生。

仮に当クレームが0になったと仮定。対応者1日平均対応件数が20件なので、

60（人）÷20（人）＝3（人）

1ヶ月間に3人の対応者（経費）削減が可能。

品質保証部の担当○○課長は当提案を精査の上、今月末までの返答を希望。

こうした内容が書かれていない文章は、理系の人にとってみれば、何が書かれているのか理解できません。

もし、このように書いても放置されるのであれば、毎日の連絡や次回の提案書で返答のない理由を求めるなど、徹底的に追い詰めることです。

その際には、以下の3点を強調した追加資料を作成し、情熱を持って伝える必要があります。

その強調すべき3点とは、

- 顧客に傷物を購入させた悔しい思いを未然に防ぐとともに、こうした手間を起こさないための報告書であること
- 対応者のクレーム対応を減らし、モチベーションを向上させるための報告書であること
- 会社の経費削減および信頼回復のための報告書であること

ここでは「傷」を例にとって説明しましたが、仕様の変更や故障率向上のように、簡単に改善するのがむずかしい内容の提案には、さらに技術が必要になります。それを次項で示します。

4 すべては顧客・企業・対応者のWin-Win-Winの関係性を築く行動

◆まずは「明るく楽しい職場」に

顧客・企業・対応者それぞれが幸せになるためには、まずはES（従業員満足度）から始めなければなりません。なぜならば、対応者がポジティブでなければ、顧客に熱い情熱を注ぐことができないからです。対応者のポジティブな考え方は、職場全体から顧客への提案の細部にまで影響を与えるのです。

対応者がポジティブになるためには、まずはテーマ（コンセプト）が大事です。**テーマはズバリ「楽しく明るい職場」**です。実は、このコンセプトに行き着くまでに、私は何度も失敗しています。「顧客満足度」「お客様第一」「お客様のために高効率化」など、顧客主体のコンセプトを掲げたこともありますが、うまくいきませんでした。なぜなら対応者は、「顧客のため」だけに仕事をしているわけではないからです。

対応者は「自らのやり甲斐」のために業務を行なっています。「スキルアップのため」「いい仲間と一緒に仕事ができる」等々のために業務を行なっています。

「顧客が喜べば嬉しい」というのは彼らの本音ですが、これは顧客主体というよりは、それによってやり甲斐を感じられるからです。「やり甲斐」プラス「お金を得るため」。そのための仕事なのです。

ですから「顧客に尽くしなさい」というテーマを掲げても、対応者を疲弊させるだけです。また「誠心誠意、顧客のため」という想いで全力で対応しても、「想い」を顧客に伝える（客観的に）正しい演出手段を知らなければ、肝心の「想い」が伝わらずに自己満足に終わり、あとには失望感しか残りません。コールセンターで離職者が多いのはこのためです。

こんなことがありました。Aさんは、配属1週間にして多くの顧客から賞賛を受けました。ところがその後、誠心誠意対応しても、Aさんの「想い」は伝わらず、さんざん努力し続けた結果、「もうこれ以上、顧客に優しくなれない」と言い残して退職してしまいました。実に衝撃的な出来事でした。

だからこそ、私はまず第一に「対応者の笑顔が見える」職場を目指したのです。これは今考えても正しい選択でした。ところが、このことがその後、社内で強い反感を招きました。その理由はこうです。

・遊んでいるように見える

→笑顔が溢れる職場は、対応者の過ちを取り締まるべく監視している他のセンター長からは、「真剣みが足りない」「ふざけている」「職場に笑顔はいらない」と思われ、日々注意を受けた。

・このことを受けて、対応も資料もすべて粗探しされた
↓先の資料作成で見たように、私のコールセンターではすべて理論的に対応していた。ところが、基本、結果オーライの他のセンター長には、この理屈をひも解くのが非常に面倒で手間な作業に感じられたようだ。

こうした反感はあったものの、かえってそれが対応者の結束を強固にし、一体感が生まれました。こうしてセンターのメンバーは嬉々として仕事に向き合うようになりました。対応者が楽しくなれば、顧客も楽しくなります。

◆「1件のクレームは1件のクレーム」として扱う

次に、CS（顧客満足度）向上です。顧客にいかに幸福感を味わっていただくかです。これは、ESが高く、ポジティブな対応者がいる職場で初めて可能になります。なぜならば、対応者がポジティブになれば、そこから顧客を満足させる提案が生まれやすくなるからです。その一端は顧客心情に配慮した対応に現われます。このことをクレームで見てみましょう。

多くのクレーム対応を専門にする人たちは、クレーム対応の効率を向上させるべく、「クレームの仕分け」をしています。大、中、小のようにクレームを分けて対応方針を決めることで、クレーム対応の効率化を図ることはできます。したがって誤りではありません。

しかし本当にそれでいいのでしょうか？

例えば、商品に傷があった場合に、

・怒濤のごとく憤慨し、交換してもらえないかなと弱々しい声でお願いする顧客
・「傷があったけど、交換してもらえないかな」と弱々しい声でお願いする顧客

そんな2タイプの顧客がいたとします。前者は「大きなクレーム」で、後者は「小さなクレーム」と言えるでしょう。この2人の顧客への配慮や対応は区別するべきなのでしょうか。

先にも説明したように、顧客の労力に応じて対応を分ける必要もありますが、それは最小限に留めるべきです。声を荒げている顧客も、弱々しくお願いする顧客も、基本対応はまったく同じでなければ顧客に大変失礼です。

あとは対応者の個人的な心情に委ねることになりますが、私のセンターでは対応者のすべてが一般的な対応とは異なり、声を荒げる顧客には限定的な対応をし、弱々しくお願いしてくる顧客には十分すぎる対応を行ないました。

声を荒げる顧客に十分な対応を行なっても、当然のことと受け止めるのでCSは向上しませんが、**弱々しい顧客のCSは向上させることができる**からです。どちらが今後リピーターになるかは明白です。

顧客の反応がどうであろうと「1件のクレームは1件のクレーム」として扱うべきであり、区別すべきではありません。それが基本です。あとは、各対応者が個人的な心情に基づいて対

応すればいいのです。

このような考えに沿って対応すると、クレーム・苦情の解析が容易になり、サイレントクレーマーの発見も容易になります。そして、サイレントクレーマー向けの商品やサービスの開発を行なうことにより、顧客を満足させる幅が広がるのです。

CSを向上させるには、顧客との「対応」や「サービス」だけでは不十分です。なぜなら、肝心の「商品」で顧客満足を提供できていないからです。だから「対応」や「サービス」だけでCSを向上させようとしても、売上げが伸びないのです。

商品・サービス・対応の三位一体で顧客満足度ナンバーワンを目指さなければ、まったく意味がありません。その結果として顧客満足度ナンバーワンは、シェア・ナンバーワンとなるのです。

◆企業の管制官としての誇りを持って

最後は、会社への貢献です。売上げと利益が増えれば会社に貢献したことになりますが、それだけでは不十分です。なぜなら、コールセンター以外の社内部署とのコミュニケーションを円滑にしなければ、三位一体も一時的なものに終わってしまうからです。

先に説明したように、暑いなかで汗をかき、寒いときには寒風に震える営業の人たち、日々頭のフル回転を強いられる技術者の人たちには、コールセンターの人間は、恵まれた環境で働いているとしか見えないのです。コールセンターの管理職は、そんな反感を持った人たちと対等に渡り合う使命を負っているのです。

コールセンターは会社の管制塔だと言われています。しかし、本当に管制塔の役目をはたしているでしょうか？　もうしわけありませんが、私はコールセンターで管制官のような仕事をしている人を見たことがありません。

例えば航空管制官は、飛行機の性能や風や雲といった気象状況の情報に基づき、各担当者の情報を精査しながらリアルタイムで的確に飛行機を誘導しています。もしコールセンターが会社の管制塔だと言うのであれば、その責任者はこれと同じ役割をはたさなくてはなりません。

例えば家電製品であれば、関係部門に提案する際には、以下の点を視野に入れていなくてはなりません。

技術開発部へは、

・電気系であれば、この部分（例えば、抵抗値）を
・機械系であれば、この部分（例えば、角度）を
・ソフトウェアであれば、フローチャート化した資料を見せて

サービス部門へは、

・訪問の手順をこのように
・このお客様の対応はこのように

・顧客に提案するフォーマットはこのようにすれば

企画部門や経営陣には、

・この「常識」は変更不可

・この機能を追加すれば、出荷見込み台数○パーセントアップ

・この機能を削除すれば、問い合わせ件数○パーセントダウン。経費○パーセントコストダウン可能

等々です。

これらのことは、できるできないに関係なく、こうした知識を持っていることが大切です。それによって他部門の人間と対等に渡り合えるようになるからです。

・知識も持たず

・顧客の声（ＶＯＣ）を前面に押し出し

・コストを考えたＶＥ（バリューエンジニアリング〈付加価値〉）を考えないでやみくもに提案するから、面倒な部署として煙たがられるのです。

ところが他のセンター長にこのようなアドバイスをしても、たいていこう言われます。

「そんな専門的な知識なんて持てない」と。

ならば、優秀な対応者はどのようにして優秀な「人財」に成長したのかを思い出して欲しい

と思います。

私はかつて技術しか知らない技術バカと呼ばれていました。しかし、あることをきっかけに、技術とは無縁のコミュニケーションを主体としたコールセンターの開設運営を任されました。夜中にうなされたこともあれば、鬱になりそうになったこともあります。

できないからこそ本を読み、心理学を学び、コールセンターの運営法を試行錯誤し、やっとここまでくることができました。


お願いです。もし会社の管制官としての誇りがあるのならば、また売上げを左右できると思うのならば、経営の考えを持って欲しいのです。各部署それぞれの立場を理解できるスーパーマンになり、一歩下がった第三者の視点で行動するのです。そして、各部署を成功に導いてください。

顧客・企業・対応者を「Ｗｉｎ－Ｗｉｎ－Ｗｉｎ」の関係にできるのは、ＶＯＣ（顧客の声）を基軸としたコールセンターだけなのです。そのコールセンターを管理する者は、自身に課せられた大きな役割をぜひ自覚してください。

終章

メソッド⑧

利益でESを上げなければ成功は一過性で終わる

1 成功を一過性で終わらせてはいけない。満足を循環させなければ一瞬で消える

◆コールセンターはすべての部署を褒め称える

会社の管制官としての誇りを持ち、その役割を見事にはたし、会社の売上げに貢献したとしましょう。しかしその手柄は、「関係部署が自己主張し、成果を奪い合うもの」と考えなければなりません。

ですから、コールセンターの努力によって売上げが上がったとしても、関係部署が自己主張し、「いや、われわれがはたした役割のほうが大きい」と言ってきても当然です。

本来なら、ここで波風が立ってもおかしくないでしょう。しかし、コールセンターはその渦に巻き込まれてはいけないのです。

すべての部署を褒め称え、賛美することです。

そうしなければ、今後について彼らの協力は得られなくなるでしょう。

また、そうしてこそコミュニケーションを主体とする部署と言えるのです。

だからと言って指をくわえて何もしなければ、対応者は報われません。そこで行なうのが次

の3つのことです。

・常に下から目線で
・関係部署に恩を売り
・予想を的中させる

各部署が手柄を取り合い、批難し合ったら、それは絶好のチャンスです。コールセンターは争いには加わらず、中立的立場に立ち、下から目線で「全員の成果」と各部署を称えましょう。

そして「彼らのお陰で私（コールセンター）がある」という気持ちを見せるのです。

きっと彼らは、「コールセンターの人間はよくわかっている」と錯覚するでしょう。

◆関係部署に恩を売る絶好のチャンス

また上から目線の彼らはこんなことを言ってくるかもしれません。

・顧客の情報に誤りがあり、対応がこじれた。何とかしろ！
・現地担当者が対応をこじらせた。何とかして欲しい
・「コールセンターの対応がなっていない」とクレームがきている。どうしたらいいのか？

こう言われても絶対に議論せず、すべて、「はい！　こちらで対応します！　大丈夫ですよ」と安請け合いするのです。

そして「○○の方向で対応させていただきますね」と対応方針を宣言します。

それが、彼らの意表を突くものなら、なおいいでしょう。

例えば、

・顧客に買い替えの案内をしますね
・コールセンターの対応の不手際なので、こちらで終息させますね
・「私以外の誰も対応できない」と伝えておきますね

といったことを伝えるのです。

コールセンターに苦情を言えば、反論が返ってくると想定している彼らは、安請け合いされ、なおかつ意表を突かれて、頭の中は「?.?.」となります。肩すかしをくわされ、わけがわからなくなってしまうのです。

ここで重要なのは、たとえむずかしい案件（要求）であっても、必ず軽く承ってしまう勇気です。彼らは誰かに厄介事を任せたいのです。

しかし考えようによれば、助けを求めているとも解釈できます。恩を売る絶好のチャンスではありませんか！

◆関係部署の人間の感情や心理もコントロールする

対応の方針は、思いつく可能性の範囲内で伝えてかまいません。なぜならば、たとえ対応した結果がうまくいかなかったとしても、「それ見たことか」と思われる程度ですむからです。

しかしその反面、対応がうまくいったときには、「コールセンターはそんなこともできるんだ」と衝撃的なインパクトを与えることができます。

すると、「困ったときには、コールセンターに相談」という信頼関係が築かれていきます。しかし、これを決して「厄介事があったら、みんなコールセンターに依頼されてしまう」と受け取ってはいけません。コミュニケーションのプロフェッショナルである以上、ありがたく承るのです。

こうして彼らに恩を刻み込むことが大切です。その後、顧客対応に苦慮し、万策が尽きたようなときには、こちらからギブアンドテイクを持ち出し、対応を依頼するのです。

これが顧客対応の切り札となることが結構多いのです。もし対応を固辞されたら、こちらも対応を固辞してしまいましょう。ある日突然、はしごをはずされた彼らは、右往左往するはずです。

その効果はてきめんです。こうして顧客だけでなく、関係部署の人たちの感情や心理をコントロールするのも、コミュニケーションのプロフェッショナルの仕事です。

2 Ｗｉｎ－Ｗｉｎ－Ｗｉｎが循環したとき、コールセンターの人財も会社も顧客も笑顔になる

◆**顧客対応窓口こそが顧客に幸福感を提供する**

前項で、いわば策士のような手法を解説しましたが、これらすべては「コールセンターの人財も会社も顧客もＷｉｎ－Ｗｉｎ－Ｗｉｎにする」ためのことであって、「策のための策」ではありません。お金を生み出す成功のスパイラルです。このことは決して忘れてはいけません。

これを循環させれば次の成果が得られるでしょう。

・**顧客**は商品やサービスの魅力に感動し、購入。所有（利用）する喜びを得る
・**会社**は売上げと利益が伸びて喜ぶ
・**対応者**は会社からは価値を評価され、顧客からは感謝されて喜ぶ

こうして、全員が幸福感を感じて笑顔になります。

その起点となるのは、優秀な人材が少ないお客様対応窓口です。

一般に「ビジネスは結果がすべて」と考えられていますが、頑張ったからといってすぐにい

い結果が得られるとはかぎりません。だからこそ、あえて「頑張れば必ず結果が伴う」と考えられるように部下を育てなければいけないのです。

そして人として成長し、単なる「人材」ではなく、「人財」を育成するように導くのが管理職の役目だと私は考えます。

コールセンターは、その特異な業務の性格上、「顧客も周囲も自在に動かす」コミュニケーション力を身につけるには最適な職場です。苦情を言ってくる顧客にポジティブな考え方で提案し、顧客のモチベーションを向上させ、笑顔にすることがいかに気持ちいいか、想像してみてください。

充実感と達成感が同時に味わえ、どんなに気持ちが高揚するかは言葉で表現するのがむずかしいくらいです。その気分は複雑なジグソーパズルの最後のピースをはめる、わくわく感によく似ています。

こんな楽しいことはありません。その楽しさは周囲に伝染し、職場をさらにポジティブに変えていきます。それは顧客にも伝わり、さらなる購入意欲をかき立てます。そして会社は潤い、社内全体がポジティブな考え方に変わっていくのです。

そのためには、まず顧客に商品やサービスを購入する喜びを味わってもらう必要があります。それを可能にするのが顧客対応窓口なのです。言い換えれば、顧客対応窓口こそが顧客に幸福感を提供する窓口なのです。

そこで働く者には、営業の使命感に似た意識が醸成されてくるでしょう。顧客対応とは、言い換えると、すべて営業活動なのです。

◆これからの時代のポイントは3U

最後に大事なことを言っておきましょう。

これからの時代、元気な「団塊の世代」の高齢者が多くなりますが、その方々の対応を行なわなくてはならないのは、俗に「ゆとり世代」と呼ばれる人たちです。そこには、ジェネレーションギャップがあるはずです。ですから顧客満足度を向上させるためには、より一層の苦労を強いられるでしょう。

またインターネットがより浸透し、その場でクロージングを行なうフェイストゥフェイスの営業の必要はなくなってくると考えられます。

それに代わる手段が、プル営業ではホームページの充実やインターネット広告で、プッシュ営業ではテレフォンアポイントとなります。

しかし、最たる効果を発揮するのは、顧客満足度を基軸としたインバウンドセールスです。その役目を担うのがコールセンターなのです。

だからこそ、顧客から得た情報に基づいた企画の立案が必要になります。これからの時代、ポイントは3つしかありません。それは機能の数や優劣で争わずに、

・親しみやすく、安心を提供する**「ユーザーフレンドリー」**
・使いやすさを提供する**「ユーザーインターフェイス（UI）」**
・面白さや楽しさを提供する**「ユーザーエクスペリエンス（UX）」**
の3Uです。

これの情報の収集、解析、立案（企画）もコールセンターの業務です。

◆「価格で競争する」のではなく「価値で勝負する」

もうひとつ、もっとも重要なことを指摘しておきましょう。それは商品の価格と価値です。はっきり断言します。

コスト競争を行なっている会社は薄利多売を売りとしているため、「質」より「量」に主眼を置きやすくなります。すると、コールセンターにかかる経費を低く抑えようとする一方で、さらに高度な対応を要求するようになります。その結果、「質」は必ず低下し、破綻します。

そのプロセスはこうです。
・低コスト商品を希望する顧客は、価値を考えずに高度な対応と極端な低価格のみを追求する
・価値を考えない顧客に上質な顧客は少なく、クレームになりやすい
・抑えられた経費でコールセンターの運営を行なうため、個々の対応力が不十分なままで、対応者任せの対応になる

・対応者のモチベーションは下がり、ネガティブ思考に陥って、淡々と業務をこなす対応者が増え、やがて退職者が増える
・人手不足を補うために常時、新人の研修、OJTを実施するようになる。しかしその内容は低下し、十分な教育を受けないまま対応デビューとなって、顧客満足度は低下する

コールセンターは、こうしたことを会社の上層部に伝えなければなりません。

要するに、「価格で競争する」のではなく、顧客の声（VOC）を基盤とした3Uの視点で情報収集・解析・提案を行ない、**「価値で勝負する」ように促す**、ということです。

そうしなければ職場環境も改善されないでしょう。

離職率が高いと言われるコールセンターの業務を、楽しくするのも苦痛にするのも管理者次第です。ぜひ全員を幸福にするために頑張ってください。

おわりに

本書では、あえて心理学やマーケティング、営業等の分野の専門用語をなるべく使わずにコールセンターの運営法について解説してきました。私が実際に行なってきたことをできるだけそのまま伝えたかったからです。

また、「売上げ」「利益」「経費」といった言葉を用いずに、あえて「お金」と表現した部分があります。その理由は、たとえお客様対応窓口であっても、「お金」を稼ぐという意識を持って欲しかったからです。「お金」を得られない部署はこれから段々と縮小されるでしょう。目の前の対応者が減っていくのは、管理者としては大変に悲しいことです。同時に、管理者の評価も下がっていくのですが、それもやはり悲しいことです。

今後のコールセンター運営で、私がもっとも心配していること、それは日本が少子高齢化社会を迎えることです。

年齢を重ねると、脳の劣化によって感情のコントロールが苦手になりますが、今後はそうした高齢者の方々からのクレームがますます増えてくるでしょう。その際には、「決して悪意によるクレームではない」と受け止め、温かく対応する必要があります。

なぜなら、その方々が今後も顧客となってくれるかどうかが、会社の存亡に関わってくるからです。

そのような時代になっても、コールセンターが会社と顧客を支える土台となって欲しいと願っています。そしてコールセンターを支える対応者が生き生きと働けるようになることを願っています。そのためには、コールセンターの運営に携わる管理者の人心掌握力が、さらに重要視されることになるでしょう。

そうした課題を乗り越え、全員が豊かになるために、シェアを広げていって欲しいと願っています。

この本を手に取った方なら必ずできます。

安藤栄一

著者略歴

安藤 栄一（あんどう えいいち）

バーストゥザファンズ株式会社代表コンサルタント。

1967年生まれ。1990年、大手電機メーカー関連のソフトウェア会社に入社。技術開発部門に所属以降、技術屋ひと筋の道を歩んでいたが、1995年、「コールセンター」部門に配属され、センターの立ち上げから携わり、パソコンサポートセンターを開設。お客様相談室にてB2B／B2Cの顧客対応業務に従事する。さらにパソコン周辺機器・通信機器のサポートセンターを開設、運営管理を行なう。

その経験とノウハウが評価され、転職した後、大手通信会社テレアポセンターや冠婚葬祭会社の相談窓口の内製化を成功させる。

総苦情対応件数は1万件以上にのぼる。CS／クレーム対応とコールセンターマネジメントの専門家として、研修・コンサルティング業務を行なっている。

顧客をつくり 利益が上がる
コールセンターの上手な運営法

平成29年4月26日　初版発行

著　者 —— 安藤　栄一

発行者 —— 中島　治久

発行所 —— 同文舘出版株式会社
東京都千代田区神田神保町1-41　〒101-0051
電話　営業03（3294）1801　編集03（3294）1802
振替00100-8-42935　http://www.dobunkan.co.jp

 ISBN978-4-495-53681-7

印刷／製本：三美印刷　Printed in Japan 2017